# ... **Títulos relacionados**

## IFCT0310. ADMINISTRACIÓN DE BASES DE DATOS

**[DISPONIBLE CERTIFICADO COMPLETO]**

Solicítalos en
- Librería
- www.paraninfo.es
- Solicitudes nacionales +34 914 463 350
- Solicitudes fuera de España +34 913 308 907
  +34 913 308 919

# Almacenamiento de la información e introducción a SGBD

Carlos Caballero González
Raúl Montoya Cordero

Paraninfo

© 2024 Ediciones Paraninfo, S. A.
© 2024 Carlos Caballero González
© 2024 Raúl Montoya Cordero

**Edición y maquetación**: Ediciones Nobel, S. A.

**Impresión**: Liberdigital (Casarrubuelos, Madrid)
**ISBN**: 978-84-283-6678-6
**Depósito legal**: M-25860-2024

Impreso en España

*A mis padres, hermanos y amigos por inculcarme los valores que conforman lo que soy.*

*A mis alumnos, porque sin ellos no hubiera tenido sentido este trabajo.*

Carlos Caballero González

*A mi familia, amigos y a todas aquellas personas que tuvieron fe en mí.*

Raúl Montoya Cordero

**Carlos Caballero González** es doctor e ingeniero en Informática *cum laude* (2007 y 2013). Los estudios de doctorado realizados en Tecnologías Informáticas tienen mención especial de calidad por parte del Ministerio de Educación. Además, es titulado en varios másteres oficiales por la Escuela Técnica Superior de Ingeniería en Informática de Málaga (Inteligencia Artificial e Ingeniería del Software) y por la Escuela Técnica Superior de Ingenieros Industriales de la Universidad CEU-San Pablo.

Es funcionario de carrera, profesor titular de la especialidad de sistemas y aplicaciones informáticas, dependiente de la Junta de Andalucía desde el año 2008, impartiendo docencia directa a alumnos de ciclos formativos de grado superior de la familia profesional de Informática y Comunicaciones. Además, es profesor colaborador en la Universidad Oberta de Cataluña desde el curso 2013/2014 en las enseñanzas del área de Informática y Telecomunicaciones, y profesor del Ministerio de Educación en el proyecto de Aula Mentor en el área de Informática desde el curso 2012/2013.

Ha buscado la excelencia en sus investigaciones tal y como avalan todas sus publicaciones en revistas del primer cuartil (dos publicaciones en la revista *Solar Physics*) y los congresos (diez) todos de primera línea. El autor ha desarrollado trabajos en varios proyectos de investigación de excelencia de la Junta de Andalucía y el Ministerio de Ciencia e Innovación destacando "Sistemas de estimación de conectividad magnética Sol-Tierra y pronósticos de flujo de protones de altas energías (>10MEV)" y "Propuestas de actuación y parámetros de sostenibilidad en el acceso y la rehabilitación de la vivienda en Andalucía".

**Raúl Montoya Cordero** es técnico superior en Administración de Sistemas Informáticos y en Red, con un amplio conocimiento en sistemas Linux, *scripting*, administración y gestión de bases de datos y servicios web, con especial dedicación en los campos de las bases de datos no relacionales y en la virtual zación de sistemas, con experiencia profesional de más de cinco años.

En el transcurso de su experiencia profesional ha desempeñado diferentes puestos de trabajo, desde técnico en mantenimiento y montaje de sistemas informáticos, administrador de sistemas y servicios web hasta ocupar el cargo de jefe del departamento de Informática.

Teniendo relación tanto en el entorno privado como en la Administración pública.

# Índice

# Introducción normativa

La Ley Orgánica 3/2022, de 31 de marzo, de ordenación e integración de la Formación Profesional, contiene una disposición derogatoria única que afecta a la regulación de los certificados de profesionalidad, ahora denominados **Certificados Profesionales.** La referida normativa deroga la Ley Orgánica 5/2002, de 19 de junio, de las Cualificaciones y de la Formación Profesional, y abre un escenario de cambios que se irán implementando progresivamente.

La Ley Orgánica 3/2022, de 31 de marzo, de ordenación e integración de la Formación Profesional implica que toda la formación es acumulable. La oferta formativa se estructura de forma escalonada, siendo los Certificados Profesionales un nivel intermedio (Grado C) de una escala que va desde el Grado A hasta el E.

En los artículos 35 a 38 de la Ley 3/2022 se describe en qué consisten estos Certificados Profesionales: su oferta, formación asociada, estructura, duración, acceso, titulación y validez. Posteriormente, esta normativa se completa con lo dispuesto en el Real Decreto 659/2023, de 18 de julio, que desarrolla la ordenación del sistema de Formación Profesional. Concretamente en los artículos 67 a 81 es donde se hace referencia a la oferta formativa de Grado C, correspondiente a los Certificados Profesionales.

Están agrupados en 26 familias profesionales con características comunes del sector. En la actualidad hay más de medio millar de Certificados Profesionales incluidos en el Repertorio Nacional. Esta cifra no deja de crecer. Además, cada certificado está específicamente regulado por un real decreto.

Un Certificado Profesional corresponde al Grado C de la oferta del Sistema de Formación Profesional. Es un documento oficial, con validez en todo el territorio nacional y debe constar en el Catálogo Nacional de Ofertas de Formación Profesional, que certifica la capacitación para el desarrollo de una actividad profesional.

Debe detallar los módulos profesionales superados y los estándares de competencia profesional asociados a él e incluidos en el **Catálogo Nacional de Estándares de Competencias Profesionales**, así como su correspondencia con el Marco Español de Cualificaciones.

Despliegan su validez en un doble ámbito, laboral y académico:

- En el contexto laboral tienen validez profesional, porque acreditan las competencias en una determinada profesión. Para poder trabajar en algunas profesiones, se exigen determinadas cualificaciones, y los certificados sirven para acreditarlas.

- Asimismo, tienen validez académica, puesto que permiten continuar un itinerario formativo siempre que se cumplan los requisitos de acceso para cursar la titulación deseada. De tal modo que, los Certificados Profesionales que sean parte de un Grado D permitirán la matrícula modular para completar los módulos establecidos en el currículo y obtener el correspondiente título de técnico básico, técnico o técnico superior con validez en todo el territorio nacional.

Para obtener un Certificado Profesional (Grado C) es preciso cumplir con los requisitos de acceso para realizar la formación.

## Estructura de los Certificados Profesionales

I. Identificación: denominación, familia y área profesional a la que pertenecen; nivel de cualificación profesional (1, 2 o 3); cualificación profesional de referencia; entorno profesional y módulos formativos que esté previsto cursar junto con la duración de cada uno de ellos.

II. Perfil profesional: incluye las competencias profesionales requeridas en el mercado laboral. En todas ellas se concretan las realizaciones profesionales y los criterios de realización.

III. Formación: describe los módulos formativos que esté previsto cursar para adquirir las competencias requeridas. En cada uno de ellos se indican las capacidades que se pretende alcanzar y la duración del módulo de prácticas no laborales —PNL—, para el que cabe solicitar exención si se cumplen determinados requisitos.

IV. Prescripciones de las personas formadoras.

V. Requisitos mínimos de espacios, instalaciones y equipamiento.

Los Certificados Profesionales se identifican con una denominación concreta y un código alfanumérico propio, y sirven para acreditar una determinada cualificación profesional. Cada certificado está asociado a una relación de unidades de competencia que, a su vez, se vinculan con una serie de módulos formativos específicos. Algunos módulos están integrados por unidades formativas y tanto unos como otras son, en ocasiones, transversales, lo que significa que se trata de contenidos incluidos en más de un Certificado Profesional.

Los Certificados Profesionales se articulan en tres niveles de competencia profesional (1, 2 y 3) conforme a lo dispuesto en el que será el Catálogo Nacional de Estándares de Competencias Profesionales, anteriormente Catálogo Nacional de Cualificaciones Profesionales (CNCP), según los criterios establecidos de conocimientos, iniciativa, autonomía y complejidad de las tareas, en cada una de las ofertas de Formación Profesional.

La oferta formativa dirigida a la obtención de los Certificados Profesionales tiene carácter modular para favorecer la acreditación parcial acumulable de la formación recibida y posibilitar así el avance en el itinerario de Formación Profesional para cualquiera que sea la situación laboral de cada persona en cada momento.

En definitiva, el Grado C constituye la oferta, parcial y acumulable, del sistema de Formación Profesional, de varios módulos profesionales del catálogo modular de Formación Profesional por razón de su significado en el mercado laboral y conducente a la obtención de un Certificado Profesional.

Las ofertas de Grado C de Formación Profesional tendrán por objeto módulos profesionales incluidos previamente en el catálogo modular de formación profesional y asociados al Catálogo Nacional de Estándares de Competencias Profesionales.

## Finalidad de los Certificados Profesionales

- Contribuir a la ordenación de un Sistema de Formación Profesional al servicio de un régimen de formación y acompañamiento profesionales que sea capaz de responder con flexibilidad a los intereses, expectativas y aspiraciones de cualificación profesional de las personas a lo largo de su vida.

- Combinar escuela y empresa situando a la persona en el centro del sistema.

- Facilitar el aprendizaje permanente de toda la ciudadanía mediante una formación abierta, flexible y accesible, estructurada de forma modular, a través de la oferta formativa asociada al certificado.

- Acreditar las cualificaciones profesionales o las unidades de competencia recogidas en estas, independientemente de su vía de adquisición, bien sea través de la vía formativa, o mediante la experiencia laboral o vías no formales de formación.

- Favorecer, tanto a nivel nacional como europeo, la transparencia del mercado de trabajo.

- Contribuir a la calidad de la oferta de Formación Profesional.

## Este libro

El presente libro desarrolla la Unidad Formativa denominada *Almacenamiento de la información e introducción a SGBD,* UF1468.

Dicha unidad formativa está asociada a la Unidad de Competencia UC0224_3, forma parte del Módulo Formativo MF0224_3 *Sistemas operativos y aplicaciones informáticas,* perteneciente a las Cualificación Profesional de referencia IFC079_3, de nivel 3, incluida en el Certificado Profesional IFCT0310 *Administración de bases de datos* dentro de la familia profesional Informática y Comunicaciones.

Según el Real Decreto 1531/2011, de 31 de octubre, modificado por el RD 628/2013, de 2 de agosto, los contenidos que en esta obra se recogen se corresponden con una duración de 50 horas.

Tanto la estructura como el desarrollo del libro se ajustan a los citados reales decretos y más concretamente a los contenidos de la Unidad Formativa que le da título *Almacenamiento de la información e introducción a SGBD,* UF1468.

## Contenidos

1.  **Tipos de almacenamiento de la información**
    -   Análisis y ejemplificación de los diferentes modelos de almacenamiento de información en ficheros:
        -   Ficheros de acceso secuencial.
        -   Ficheros de acceso directo.
        -   Ficheros de acceso indexado.
        -   Ficheros de acceso por direccionamiento calculado *(hash).*

2.  **Almacenamiento en SGBD**
    -   Definición de SGBD.
    -   Identificación de diversos SGBD del mercado, desde los orientados para uso personal a los profesionales.
    -   Descripción breve de los distintos roles de usuario que emplean los SGBD con carácter general.
    -   Descripción de los elementos funcionales del SGBD.
    -   Enumeración de las características y funciones de un SGBD.
    -   Análisis de ventajas e inconvenientes de almacenar la información en ficheros a hacerlo en un SGBD.

- Clasificación de los SGBD en función del modelo de datos:
  - Relacional.
  - Orientado a objetos.
  - Jerárquico.
  - En red o CODASYL DBTG.

3. **Otros tipos de almacenes de la información**
   - XML:
     - Definición de XML.
     - Comparación del almacenamiento XML con el almacenamiento plano en ficheros.
   - Servicios de directorio (LDAP):
     - Definición de LDAP.
     - Soluciones LDAP.
     - Comparación del almacenamiento de la información en un LDAP contra un SGDB.

## Nota del editor

En Ediciones Paraninfo estamos comprometidos con la calidad de la formación e intentamos que nuestros materiales, respondan fielmente y con rigor a las necesidades de todos cuantos confían en nuestro sello editorial.

Tratamos de dar respuesta a los currículos de las unidades formativas y de los módulos que integran los distintos Certificados Profesionales, equilibrando la parte teórica con la práctica para que los procesos de aprendizaje se conviertan en experiencias gratificantes tanto para docentes como para las personas inmersas en los procesos formativos.

Contribuir de forma decisiva a afianzar aprendizajes, ayudar a adquirir destrezas que tengan significado para el empleo y conseguir potenciar el desarrollo personal es nuestra mayor satisfacción como editores.

Para lograrlo contamos con excelentes autores, expertos en las materias que abordan, en la mayoría de los casos docentes de dichas especialidades con dilatada experiencia profesional y académica, porque buscamos perfiles familiarizados con los contextos laborales concretos a los que se refieren nuestros manuales.

Confiamos en poder serte de ayuda y esperamos tus impresiones acerca de nuestro trabajo. Sean positivas o negativas, serán muy bien recibidas y, sin duda, nos ayudarán a seguir mejorando y trabajando con ilusión para continuar siendo un referente en formación para el empleo.

Agradecemos tu confianza en nuestros manuales. Todo nuestro equipo queda a tu total disposición. Puedes contactar con nosotros en esta dirección de correo electrónico: info@paraninfo.es.

# 1. Tipos de almacenamiento de la información

# Contenido

# Introducción

Hoy día cualquier organización requiere de un sistema de almacenamiento de la información para manipular los datos. Ciertamente, el volumen de estos fluctúa de una organización a otra, pero por muy pequeña que sea, sigue teniendo la necesidad de almacenar esa información.

Los avances tecnológicos y la comodidad que suponen están haciendo que todo lo que antes era papel ahora sea un sistema automatizado por ordenador. En un primer momento, se tendió a pasar directamente lo que estaba en papel a un fichero. A este tipo de almacenamiento es a lo que se dedica este primer capítulo, con la evolución de estos y la necesidad de una organización surgieron los sistemas de almacenamiento en bases de datos, de los cuales se hablará más adelante.

## 1.1. Análisis y ejemplificación de los diferentes modelos de almacenamiento de información en ficheros

En esta sección, se realizará un análisis comparativo del rendimiento de los diferentes modelos de almacenamiento de información en ficheros lógicos, según las operaciones realizadas sobre estos. También se incluirán ejemplos prácticos de su utilización actual. Hoy en día, existen cuatro técnicas básicas para almacenar información en ficheros, las cuales serán analizadas detenidamente en las siguientes secciones:

- Acceso secuencial.

- Acceso directo.

- Acceso indexado.

  - Acceso secuencial indexado.

  - Acceso indexado.

- Direccionamiento calculado utilizando tablas *hash*.

No obstante, antes de abordar el análisis de estas técnicas, es importante conocer algunos conceptos básicos.

- **Registro.** Un registro representa toda la información de un elemento concreto de manera estructurada. Por ejemplo, al almacenar información relativa a la agenda de contactos de una persona, cada contacto constituye un registro, y cada registro estaría formado por información relativa al nombre, apellidos, teléfono móvil, teléfono fijo, etc. Si una persona tuviera cien contactos, tendría cien registros. Por lo tanto, un registro es un conjunto de campos que pertenecen a una misma entidad (contacto en el ejemplo anterior). En la Tabla 1.1 se muestra el fichero correspondiente a los datos básicos de cuatro registros.

- **Campo**. Un campo es cada uno de los atributos o características que se desea almacenar de una entidad. Por ejemplo, en el caso de los contactos, cada atributo almacenado es un campo (nombre, apellido, edad, etc.). Además, no todos los campos tienen que ser del mismo tipo de datos; por ejemplo, el campo *nombre* sería del tipo cadena de caracteres, mientras que el campo *edad* sería de tipo numérico. Esta diferencia en el tipo de campo resulta fundamental al momento de generar nuestros registros, ya que determinará la cantidad de espacio que ocuparán en el sistema de almacenamiento. En la Tabla 1.1 se muestra el fichero correspondiente a los datos básicos de cuatro registros en los cuales cada uno de ellos está compuesto por cuatro campos diferentes: *DNI, nombre, apellidos* y *dirección*.

- **Campo clave**. Los campos clave son campos especiales que permiten identificar de forma unívoca cada uno de los registros. Esto es muy importante para realizar búsquedas eficientes, ya que facilitan la identificación de cada registro. Es muy recomendable que cada registro tenga un campo clave que permita identificarlo y diferenciarlo de los demás. Por ejemplo, en la Tabla 1.1 se muestra el fichero correspondiente a los datos de una lista de contactos, donde el DNI de las personas actúa como campo clave, siendo único para cada una de ellas. Las opciones para definir un campo clave de un registro son las siguientes:

  - *Utilizando campos del registro*. Si se dispone de un conjunto de registros de contactos, es posible que haya un campo único para cada uno de estos contactos, como el DNI. De esta manera, se estaría utilizando una parte del registro como campo clave. Cabe destacar que se ha especificado en plural la utilización de campos del registro, ya que puede darse el caso de que varios campos del propio registro proporcionen un valor único, conformando así un campo compuesto.

  - *Creando un código o identificador para el registro*. Lo más frecuente es encontrar que todos los registros tengan un campo denominado código o identificador que sea único, ya sea numérico o alfabético, permitiendo así una asociación unívoca con el registro. De este modo, a cada registro se le asignará un nuevo campo denominado identificador que no podrá repetirse bajo ninguna circunstancia.

- **Fichero lógico**. Un fichero es la estructura de datos donde se almacena el conjunto de registros. Así, se puede tener un fichero de contactos en los cuales se almacenen todos los registros de contactos. Los ficheros pueden estar formados por registros que ocupen el mismo espacio, lo cual facilita muchas de las tareas de gestión del fichero. Por otro lado, cada registro puede ocupar un tamaño diferente. En este último caso los métodos de acceso y gestión de los registros deben ser más complejos y pueden llegar a ser más ineficientes. En la Tabla 1.1 se muestra el contenido completo de un fichero lógico con los datos correspondientes a una lista de contactos.

**Tabla 1.1.** Fichero con cuatro registros compuestos por cuatro campos cada uno: *DNI, Nombre, Apellidos* y *Dirección*

| DNI | Nombre | Apellidos | Dirección |
|---|---|---|---|
| 24808934-L | Carmen | Rodríguez Jiménez | C\Mayor, 2A |
| 74321393-P | Manuel | García Ruiz | C\Menor, 1B |
| 24606891-P | María | Doblas Serrano | C\Mediana, 5C |
| 24323210-X | Juan | Luque Hidalgo | C\Mayor, 2B |

En el análisis de los distintos métodos de acceso de los ficheros se tendrán en cuenta los siguientes puntos:

- **Almacenamiento en disco**. Los datos deben almacenarse con la mínima redundancia en disco. La redundancia en los ficheros se produce cuando existen campos o registros duplicados en diferentes zonas, lo cual se hace para facilitar las operaciones de mantenimiento de los registros.

- **Recuperación de un registro**. La recuperación de un registro, o también llamado acceso a un registro, consta de dos fases. Primera, localizar el registro en el sistema de ficheros y, segunda, leer el registro. La localización depende directamente del tipo de organización utilizado para almacenar la información, mientras que la lectura del registro depende del soporte físico tales como discos mecánicos, unidades de estado sólido (SSD) o cintas magnéticas.

- **Recuperación del siguiente registro**. Aunque es posible acceder a la información de un solo registro, frecuentemente se requieren operaciones en las que es necesario obtener un subconjunto de registros, ordenados por algún campo específico. Una métrica importante es conocer el coste de recuperar el siguiente registro.

- **Inserción de registros**. Esta operación consiste en agregar un nuevo registro al fichero. Normalmente, la operación de inserción es más costosa que la de lectura, especialmente si se necesita insertar en un orden específico o si es necesario reagrupar o compactar los registros del fichero.

- **Actualización de un registro**. La actualización de un registro implica modificar los campos de ese registro. Si los registros son de tamaño fijo, esta operación puede ser relativamente sencilla, ya que consiste en sustituir un registro por otro. En cambio, si los registros son de tamaño variable, puede ser necesario reajustar o compactar el fichero.

- **Eliminar un registro**. La eliminación de un registro implica que el espacio que ocupaba quede vacío. Este hecho puede requerir que sea necesario reajustar o compactar el fichero, ya que ese espacio vacío debe ser aprovechado por otro registro.

## 1.1.1. Ficheros de acceso secuencial

El acceso secuencial es aquel en el cual se acceden a los datos del fichero en un orden predeterminado. Es importante resaltar que el acceso secuencial se refiere únicamente al modo en que se accede a los datos, y no implica necesariamente que todas las operaciones (escribir, borrar o modificar) se realicen de manera secuencial.

En la Figura 1.1 se ilustra el proceso que esta técnica de organización de la información sigue para acceder a un registro específico. En el ejemplo se muestran ocho registros diferentes que corresponden a las fichas de varios contactos con los campos *DNI* (campo clave) y *nombre*. En el caso de que se quiera acceder al registro con DNI 45228521C, se debe recorrer en secuencia todos los registros desde el primero hasta localizar el deseado. Por lo tanto, habrá que realizar el acceso a los registros 1, 2, 3, y así sucesivamente hasta llegar al registro 7, donde se almacena el registro buscado. Dependiendo del tiempo de acceso o consulta de cada registro, esto implica una pérdida de eficiencia en el método bastante considerable en comparación con otros métodos de acceso.

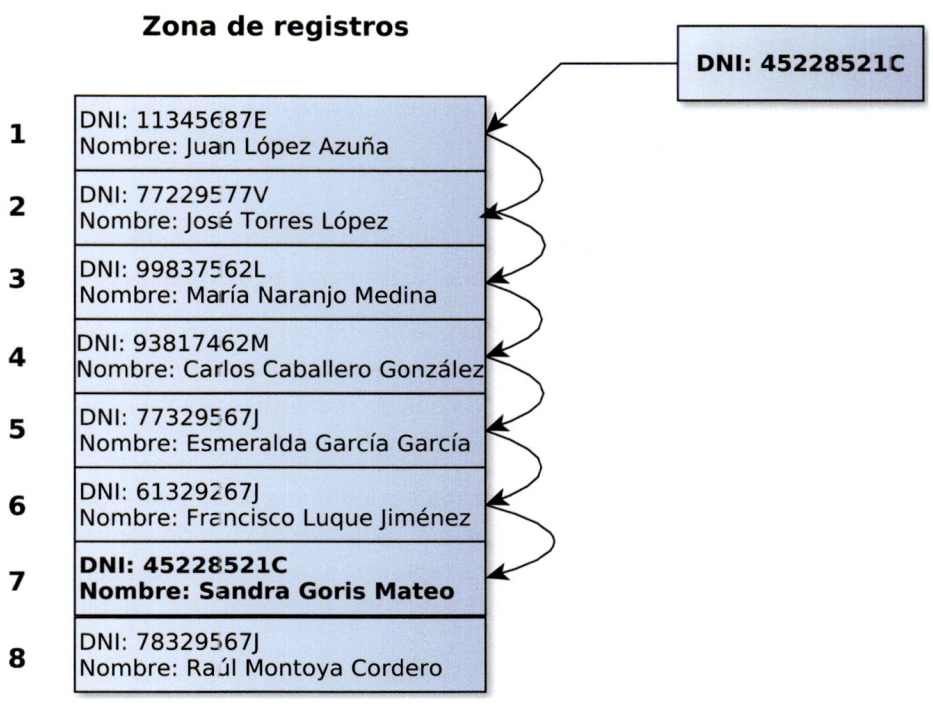

**Zona de registros**

DNI: 45228521C

| | |
|---|---|
| **1** | DNI: 11345687E<br>Nombre: Juan López Azuña |
| **2** | DNI: 77229577V<br>Nombre: José Torres López |
| **3** | DNI: 99837562L<br>Nombre: María Naranjo Medina |
| **4** | DNI: 93817462M<br>Nombre: Carlos Caballero González |
| **5** | DNI: 77329567J<br>Nombre: Esmeralda García García |
| **6** | DNI: 61329267J<br>Nombre: Francisco Luque Jiménez |
| **7** | **DNI: 45228521C**<br>**Nombre: Sandra Goris Mateo** |
| **8** | DNI: 78329567J<br>Nombre: Raúl Montoya Cordero |

**Figura 1.1.** Acceso secuencial para localizar el registro con el campo clave DNI 45228521C.

Este método de acceso se utiliza en aplicaciones orientadas al manejo por lotes o en aquellas donde no es prioritario el acceso rápido a un registro específico, como en búsquedas. Es común en operaciones como facturación mensual, nóminas, etcétera.

Este tipo de acceso puede ser ideal para cierto conjunto de aplicaciones, pero no recomendable para otras. La elección de utilizarlo depende del administrador de la base de datos al momento de seleccionar el modelo para almacenar los registros.

## RECUPERACIÓN DE UN REGISTRO

La recuperación de un registro en este método requiere realizar el acceso a todos los registros anteriores hasta llegar al que se quiere obtener. Se debe realizar como promedio la lectura de la mitad del fichero cada vez que se realiza la búsqueda de un registro.

## RECUPERACIÓN DEL SIGUIENTE REGISTRO

La recuperación del siguiente registro en esta organización es bastante eficiente, puesto que el registro sucesor es inmediatamente accesible.

## INSERTAR REGISTROS

Las técnicas de inserción de registros utilizadas tradicionalmente en combinación con los métodos de acceso secuencial son los siguientes:

- **Colas**. La estructura de datos utilizada se comporta de manera similar a una cola, es decir, los nuevos registros se introducen al final del fichero. Este es el método más eficiente, ya que no requiere reajustar la posición de los registros ya existentes en el fichero.

- **Pilas**. La estructura de datos utilizada se denomina *pila* cuando los registros nuevos se introducen al principio. Este método puede conllevar un coste adicional en el reajuste de los registros anteriores, dependiendo del tipo de implementación del sistema de ficheros, como en el caso de una implementación contigua por bloques.

- **Orden**. Los registros se mantienen ordenados en el fichero por algún campo clave. La inserción conlleva el sobrecoste de tener que acceder secuencialmente hasta la posición correcta y luego reajustar las posiciones de los demás elementos.

El rendimiento de las inserciones de registros mediante este método es muy bajo, ya que requiere recorrer registros innecesarios para su localización y, en algunos casos, puede ser necesario reajustar todo el fichero si está ordenado. Por lo tanto, esta organización es adecuada si la aplicación no realiza operaciones de inserción frecuentes. Si se requieren muchas operaciones de inserción en la aplicación, estas no se realizan al instante, sino que se suele utilizar un fichero de transacciones donde se registran las altas que deben ser procesadas periódicamente.

## MODIFICAR REGISTROS

La modificación de registros implica siempre la localización previa del registro que se desea modificar. Por lo tanto, el rendimiento de la modificación en este tipo de accesos está intrínsecamente relacionado con el rendimiento de los accesos. Una vez localizado el registro, se traslada a la memoria, donde se realizan las modificaciones necesarias. Finalmente, el proceso concluye con el vuelco del registro modificado de vuelta al fichero. En el último paso pueden producirse varias circunstancias:

1. El valor del campo clave no cambia, por tanto, el registro seguirá ocupando el mismo lugar. Por otro lado, si se modifica el valor del campo clave, se debe eliminar el registro antiguo y habrá que realizar una inserción del nuevo registro, el modificado.

2. El registro resultante tiene el mismo tamaño que el registro antiguo. En este caso, solamente hay que volcarlo en su posición, ya localizada en el primer paso.

3. El registro resultante no tiene el mismo tamaño que el registro antiguo. En este caso, hay que reajustar los demás registros al nuevo tamaño de este registro. Este hecho es especialmente grave en implementaciones en las que los registros del fichero no son todos del mismo tamaño y en los que la implementación del sistema de ficheros se ha realizado con asignación contigua. Si el tamaño de los registros es igual para todos los registros, solamente habría que sustituir el antiguo por el nuevo.

## BORRAR REGISTROS

El proceso para eliminar registros es muy similar al proceso utilizado para la modificación de registros, puesto que el primer paso consiste en localizar el registro que se desea eliminar. En este caso, es necesario un reajuste en las posiciones ocupadas por el resto de registros, puesto que el registro eliminado producirá un hueco que deberá ocupar algún otro registro.

## CONCLUSIONES

Los métodos de acceso secuencial tienen las siguientes ventajas e inconvenientes:

- **Ventajas**

  - *Evita la fragmentación externa*. Al no existir espacios ni huecos entre los diferentes registros se optimiza el espacio del soporte de almacenamiento. Sin embargo, esta ventaja conlleva un inconveniente: para evitar la fragmentación, es necesario realizar tareas de mantenimiento periódicas.

  - *Acceso rápido a registros contiguos*. Este método resulta eficiente si se realizan lecturas de registros contiguos. Un ejemplo práctico sería disponer de un conjunto de registros de contactos que se encuentran ordenados alfabéticamente y se quieren recuperar todos los registros de una determinada letra. En ese caso, el proceso consistiría en la lectura secuencial de un subconjunto de registros.

- Inconveniente

  - *Accesos ineficientes*. Para localizar cualquier registro en un fichero es necesario recorrer todos los registros anteriores hasta localizarlo. El acceso puede variar en velocidad dependiendo de si se buscan registros al principio, lo cual será más rápido, o al final de la secuencia, lo cual será más lento. Para evaluar la eficiencia, se calcula el costo medio considerando que a veces se buscan registros al principio y otras veces al final.

  - *Alto coste en las operaciones de mantenimiento de la estructura de datos*. Es necesario realizar tareas de mantenimiento para que la estructura de los ficheros se encuentre en buen estado según las diferentes implementaciones. Por ejemplo, si se utiliza un almacenamiento contiguo en el que todos los registros ocupan un espacio variable, pueden quedar huecos entre diferentes registros que deben ser reagrupados, lo que se suele conocer como compactación o desfragmentación. Otra operación de mantenimiento de la estructura de datos que resulta ineficiente es la inserción en orden, en caso de que los registros tengan que estar ordenados por un determinado campo. Se debe realizar un acceso secuencial hasta la posición deseada y esto conlleva una pérdida de rendimiento.

## 1.1.2. Ficheros de acceso directo

El acceso directo o aleatorio es el opuesto al acceso secuencial y permite permite acceder a cualquier registro de un fichero sin necesidad de recorrer los anteriores. En este tipo de accesos es necesario conocer la posición que ocupa cada uno de los registros en el fichero. En la práctica, cada registro tiene un identificador único (campo clave) que se utiliza para diferenciar los registros entre sí en diversas operaciones como búsquedas, modificaciones y eliminaciones.

Esta organización se beneficia del acceso directo que proporcionan algunos soportes de almacenamiento, tales como los discos magnéticos. La principal característica de estos métodos de acceso es que son muy eficientes, pero limitan la búsqueda de registros al uso exclusivo de su campo clave. Es decir, no es posible realizar búsquedas basadas en otros criterios que no sean el campo clave del registro. El cálculo de la dirección del registro a partir del campo clave puede realizarse de dos formas:

1. **Dirección directa**. La clave debe coincidir con las direcciones físicas del soporte de almacenamiento, lo que puede llevar a problemas de continuidad numérica y adaptación a cambios en los sistemas, como por ejemplo, si se cambia el soporte de almacenamiento. Por ejemplo, si se dispone como soporte de almacenamiento un disco rígido, el cual está compuesto por un cilindro, pista, bloque y registro, se podría formar el campo clave a partir de estos datos. En la Tabla 1.2 se muestran los datos relativos a un registro desde el cual su campo clave sería 201242. En caso de que el soporte de almacenamiento se modificara, podría haber problemas en el almacenamiento de los registros de los ficheros y en sus campos claves.

**Tabla 1.2.** Datos del soporte de almacenamiento necesarios para crear el campo clave

| Cilindro | Pista | Bloque | Registro |
|:--------:|:-----:|:------:|:--------:|
| 20 | 12 | 4 | 2 |

2. **Transformación de clave a dirección relativa**. El problema de la dependencia del soporte físico para el almacenamiento de registros se soluciona utilizando direccionamiento relativo. Este enfoque consiste en modificar el campo clave para que se convierta en una dirección relativa, numerada de 0 a N. La dirección final se obtiene tras aplicar el siguiente cálculo:

> **Dirección final = Dirección de inicio + (Dirección relativa * tamaño del registro)**

El cálculo de la dirección relativa se consigue haciendo uso de una función matemática denominada *hash*. Este tipo de almacenamientos se discutirá en la sección 1.1.4.

En la Figura 1.2 se muestra el recorrido que debe realizar esta técnica de organización de la información para acceder a un registro, utilizando la misma estructura de datos que en el acceso secuencial. Por ejemplo, si se quiere acceder al registro número 3, no es necesario recorrer los registros 1 y 2, sino que con un solo acceso se localiza el registro 3. De manera similar, para acceder al registro en la posición 8, basta con dirigirse directamente a esa posición en la zona de registros. Esto es posible gracias a que el valor del campo clave que se utiliza es el propio número de registro en lugar del campo DNI para seleccionar el registro.

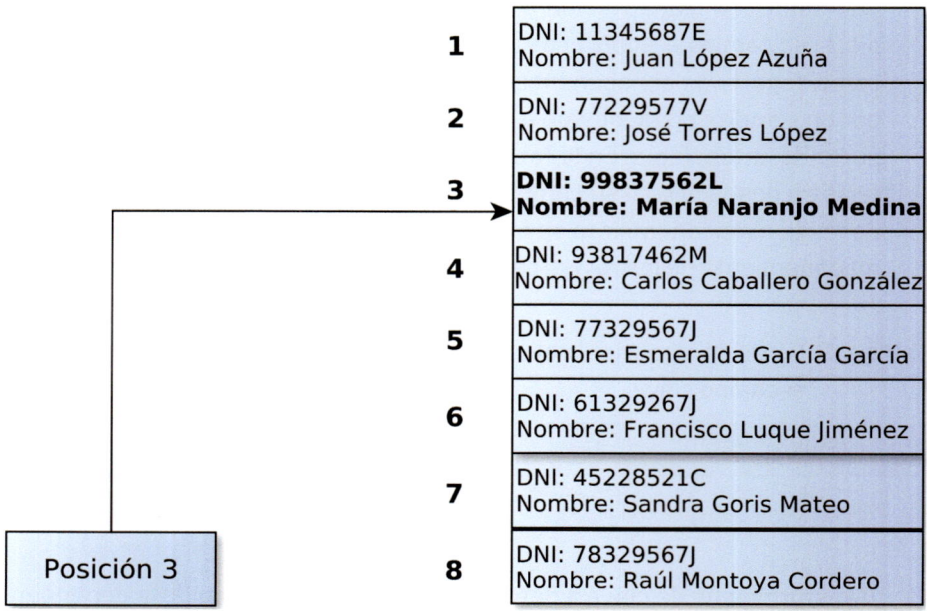

**Zona de registros**

| | |
|---|---|
| 1 | DNI: 11345687E<br>Nombre: Juan López Azuña |
| 2 | DNI: 77229577V<br>Nombre: José Torres López |
| 3 | **DNI: 99837562L**<br>**Nombre: María Naranjo Medina** |
| 4 | DNI: 93817462M<br>Nombre: Carlos Caballero González |
| 5 | DNI: 77329567J<br>Nombre: Esmeralda García García |
| 6 | DNI: 61329267J<br>Nombre: Francisco Luque Jiménez |
| 7 | DNI: 45228521C<br>Nombre: Sandra Goris Mateo |
| 8 | DNI: 78329567J<br>Nombre: Raúl Montoya Cordero |

Posición 3

Figura 1.2. Acceso directo del registro que ocupa la posición 3.

## RECUPERACIÓN DE UN REGISTRO

La recuperación de un registro es muy eficiente gracias al uso del acceso directo del soporte de almacenamiento. Es el método más eficiente en este aspecto. Sin embargo, no se debe olvidar que el principal inconveniente es la dificultad o imposibilidad de adaptarse al cambiar el soporte de almacenamiento.

## RECUPERACIÓN DEL SIGUIENTE REGISTRO

La recuperación del siguiente registro se efectúa siempre que se conozca el campo clave del siguiente registro, es decir, la posición de la zona de registros a la que se quiera acceder. En dicho caso se realiza la operación de recuperación de un solo registro. No es posible realizar cargas de varios registros en secuencia a partir de una sola posición, sino que es necesario realizar la acción de acceso directo del soporte físico sobre cada uno de los registros.

## INSERCIÓN DE REGISTROS

Los métodos de inserción asociados a este tipo de organización también se realizan de modo directo, puesto que la posición donde se almacena el nuevo registro está asoc ada a la posición del soporte de almacenamiento. Es un método muy eficiente a la hora de almacenar y leer información, puesto que es fácilmente localizable donde se encuentran los datos.

## MODIFICACIÓN DE REGISTROS

La modificación de registros implica siempre la localización previa del registro que se quiere mocificar tal y como ocurre con los métodos de acceso secuencial. Una vez que se ha localizado el registro, este se traslada hasta la memoria, lugar donde se realizan las modificaciones oportunas. Finalmente, el proceso concluye volviendo a volcar el registro en el fichero. En el último paso del proceso pueden producirse las dos mismas circunstancias que aparecen en los métodos de acceso secuencial:

1. El registro resultante tiene el mismo tamaño que el registro antiguo. En este caso, solamente hay que volcarlo en su posición, ya localizada en el primer paso.

2. El registro resultante no tiene el mismo tamaño que el registro antiguo. En este caso, hay que reajustar los demás registros al nuevo tamaño de este registro.

## BORRADO DE REGISTROS

El primer paso consiste en obtener la posición donde está el registro que se desea eliminar. Este paso es muy eficiente, puesto que, como ya sabemos, existe acceso directo a la posición. Los siguientes pasos son exactamente iguales a los otros métodos de acceso, pues consistiría simplemente en marcar el registro como eliminado, provocando un hueco disponible para poder sobreescribir o insertar un nuevo registro.

## CONCLUSIONES

Los métodos de acceso directo tienen una serie de características que permiten adaptarse a un subconjunto de soluciones concretas. A continuación se describen las ventajas e inconvenientes de este método de acceso.

- **Ventajas**
  - *Evita la fragmentación externa*. Al igual que ocurre con el acceso secuencial, con este método se resuelve la aparición de fragmentación. Esto se debe a que los huecos que quedan entre los diferentes registros tras realizar operaciones de creación y eliminación son reutilizados sin complicaciones.

- *Eficiencia en el acceso a datos.* La localización del registro en el fiche-ro es muy rápida, ya que se conoce de antemano la posición que ocu-pa. La eficiencia en el acceso de datos no solo beneficia las lecturas, sino también en las otras operaciones que requieren localizar previa-mente el registro, como la modificación o eliminación.

- *Bajo coste en las operaciones de mantenimiento de la estructura de datos en caso de registros de tamaño fijo.* En el caso de que los regis-tros sean de un tamaño fijo, el mantenimiento es muy eficiente, pues-to que no es necesario realizar tareas extra. De hecho, se podrán reali-zar los cambios sin necesidad de trasladar el registro a memoria.

- Inconvenientes
  - *Limitación de* hardware. Solamente es posible utilizar este método en dispositivos de acceso directo. Por ejemplo, los discos duros tan-to mecánicos como de estado sólido permiten el acceso directo, mien-tras que las cintas magnéticas no permiten el acceso directo.

  - *Alto coste en las operaciones de mantenimiento en la organización de los datos en caso de registros de tamaño variable.* En caso de que los registros sean de tamaño variable, es necesario realizar tareas de mantenimiento para reagrupar los huecos existentes y para realizar las operaciones de eliminación o actualización.

### 1.1.3. Ficheros de acceso indexado

El acceso indexado es una especialización del método de acceso directo. El mayor inconveniente del acceso directo es que, para que el funcionamiento sea óptimo, es necesario que los registros tengan longitud fija, además de su limitación de *hardware.* Estas condiciones, que incluyen registros de longitud fija y la ausencia de cambios en el *hardware,* ocurren raramente, ya que la ma-yoría de los registros contienen campos dinámicos que requieren longitudes variables. Además, las bases de datos diseñadas deben adaptarse a diferen-tes especificaciones de *hardware.* Por ejemplo, si un registro tiene un campo para almacenar el nombre en una base de datos de contactos, puede ocurrir que en un registro el nombre sea *Raúl* y en otro, *Carlos.* En el primer registro, la longitud del campo nombre será de cuatro caracteres, mientras que en el segundo la longitud de este campo será de seis caracteres. Las organizacio-nes de acceso secuencial requieren para su funcionamiento adecuado que to-dos los registros tengan la misma longitud; por lo tanto, se debe obligar a que el registro que contiene el valor *Raúl* deba ocupar seis caracteres en lugar de cuatro, desperdiciando espacio en el soporte de almacenamiento.

En el método de acceso indexado, al igual que en el método de acceso directo, también se accede al registro directamente utilizando la posición. Sin embargo, en este caso, la posición del registro no está ligada directamente al campo clave. En cambio, se obtiene utilizando un fichero auxiliar que relaciona el campo clave con la posición que ocupa el registro. Este fichero auxiliar se conoce como índice, de ahí el nombre de acceso indexado. El fichero de índice es equivalente a la tabla de contenidos, o índice, que tienen los libros, donde se enumeran los capítulos y secciones, junto con la página donde se encuentran. En este caso en concreto, el fichero de índice dispone de la lista de ficheros ordenados por un campo clave y la posición en el fichero en el cual se puede localizar. De este modo, evitamos tener que recorrer todo el fichero para localizar un determinado registro de un fichero. Las organizaciones indexadas se utilizan ampliamente para realizar operaciones de consulta por un determinado campo, que no necesariamente debe ser el campo clave, aunque es lo ideal. Asimismo, mantienen los ficheros actualizados constantemente, sin necesidad de un fichero de maniobra que se actualice periódicamente. Además, también se ofrece la posibilidad de realizar un acceso secuencial.

En resumen, las organizaciones indexadas buscan conservar las ventajas de las organizaciones secuenciales, pero al mismo tiempo superan los problemas asociados con el acceso aleatorio a los registros. Mientras que las organizaciones secuenciales son eficientes para el manejo de datos en una secuencia específica, a menudo se encuentran con dificultades cuando se requiere el acceso rápido y directo a registros específicos sin seguir esa secuencia. Las organizaciones indexadas resuelven este desafío al adoptar una estructura que permite un acceso más ágil y directo a los registros individuales, mejorando así la eficiencia en la recuperación de datos. Esta mejora es especialmente valiosa en aplicaciones de bases de datos donde el acceso rápido y la recuperación de información son fundamentales. Al final, las organizaciones indexadas representan un equilibrio entre la ordenación secuencial y la flexibilidad del acceso directo, ofreciendo un enfoque más versátil para la gestión de datos.

Este método se caracteriza por tener tres zonas claramente diferenciadas:

1. **Zona de registros**. En esta zona se encuentran los registros del fichero.

2. **Zona de índices**. Es una tabla con los campos claves de los registros y las posiciones donde se pueden localizar dichos registros.

3. **Zona de excedentes/desborde/derrama/*overflow***. Es la zona donde se incluyen las inserciones o modificaciones que se pueden producir en el

fichero de datos y que no tienen cabida en la zona de registros por limitación física.

La tabla de índices o fichero de índices se carga en la memoria principal para realizar las búsquedas de un modo más eficiente. Tras consultar el fichero de índices, se dispone de la dirección que es necesaria en el fichero para localizar el registro en cuestión, el cual se encuentra en la zona de registros.

El principal inconveniente de este tipo de métodos es que es necesario disponer de una tabla de gran tamaño en memoria y de mantenerla siempre ordenada por el campo clave. Esto puede llegar a ser impracticable en términos de espacio y tiempo, teniendo en cuenta que el tamaño de las bases de datos actualmente empieza a ser considerable.

Las características de un método de acceso indexado son las siguientes:

* Los registros deben tener un campo clave, o combinación de varios campos, que permitan la identificación unívoca de los registros en los métodos de acceso indexado puros. Esto es necesario si se desea disponer de una relación directa entre registros y posiciones en el fichero. No obstante, existe una variante que se conoce como acceso secuencial indexado, en el cual no es necesario que exista un campo clave en los registros, es deseable por eficiencia aunque no es un requisito.

* Es posible utilizar tanto el acceso secuencial como el acceso directo en los registros. No obstante, la gran ventaja en rendimiento proviene de utilizar el acceso directo.

En el método de acceso indexado existen dos variantes, las cuales se describirán en detalle en los siguientes apartados.

* **Acceso secuencial indexado**.

* **Acceso indexado**.

## ACCESO SECUENCIAL INDEXADO

El acceso secuencial indexado, también conocido por sus siglas en inglés ISAM (*Indexed Sequential Access Method*), es un método implementado en muchos motores de bases de datos como motor de indexación en sus ficheros. En este caso, tanto el fichero de índice como el fichero de datos están ordenados por un valor clave. En lugar de almacenar en el fichero de datos la relación entre el fichero y la posición donde se encuentra en la zona de registros, se establece una relación por rangos.

El fichero de índice está compuesto por una entrada por cada registro de datos. El fichero de índice debe encontrarse ordenado por el campo clave para poder realizar búsquedas de un modo eficiente. Además, al encontrarse los registros ordenados por un campo clave, es posible aplicar la búsqueda dicotómica (binaria) para acelerar aún en mayor medida las búsquedas.

Los ficheros de índice suelen ser de dos tipos:

- **Índice exhaustivo o denso**. En este tipo de índices, hay un registro índice para cada valor del campo clave presente en la zona de registros. A estos índices se les conoce comúnmente como organizaciones indexadas puras.

- **Índice selectivo o escaso**. En este tipo de índices, no se crea un registro índice para cada valor del campo clave encontrado en la zona de registros. En su lugar, se generan entradas en el fichero de índices solo para algunos registros seleccionados. Los registros se agrupan en el área de datos y, recordemos, están previamente ordenados. La indexación se realiza por grupos, seguida de una búsqueda secuencial dentro de cada grupo.

Respecto a estos dos tipos de ficheros de índices, el índice denso es más eficiente para localizar un registro, puesto que se obtiene un resultado similar al acceso directo. Por otro lado, los índices densos ocupan más espacio en el disco y requieren de más operaciones de mantenimiento cuando se realizan inserciones, eliminaciones o modificaciones.

Si el índice crece considerablemente, se puede volver a indexar, creándose así índices de niveles múltiples. Los niveles más altos del índice se vuelven cada vez más pequeños, hasta que quede un índice lo suficientemente pequeño como para mantenerlo siempre en memoria principal.

En la Figura 1.3 se puede observar el fichero de índices en el cual se hace uso de un índice selectivo de un solo nivel. En este caso, el primer paso consiste en localizar el grupo de registros con el acceso directo desde la zona de índices hasta la zona de registros. Posteriormente, se realiza una búsqueda secuencial en la zona de registros hasta localizar el registro deseado. En el ejemplo se realiza una consulta al registro con el campo clave 45228521C. Observe que se busca en el fichero de índice el acceso directo al subgrupo donde se encuentra dicho registro. A continuación, se realiza el acceso secuencial dentro del subgrupo de registros. En total se han recorrido 3 registros (fichero índice) + 4 registros (zona de registros) = 7 registros. En caso de haber utilizado una organización secuencial, se habrían recorrido 12 registros, lo que supondría un ~71 % extra de registros consultados. A medida que la zona de registros crece, el beneficio de realizar búsquedas frente a otras técnicas puede incrementarse aún más. Esto se debe a que es posible utilizar la técnica de búsqueda dicotómica en la fase secuencial, lo que aumenta significativamente el rendimiento de la búsqueda.

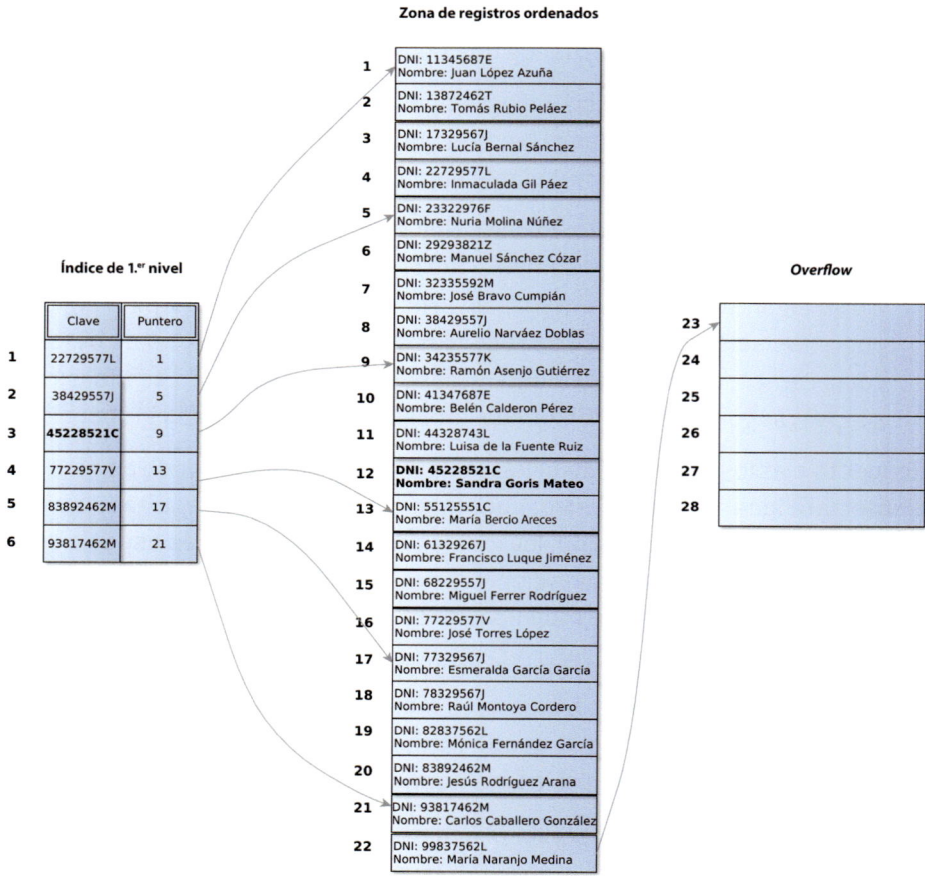

**Figura 1.3.** Acceso secuencial indexado con un nivel de indexación e índice escaso del registro con el campo clave DNI y el valor 45228521C.

En el caso de que la zona de registros creciera y el fichero de índices se hiciera de gran tamaño, se suelen crear diferentes ficheros de índices que realizan la labor de indexar (o estructurar) los niveles siguientes de índices para que de un modo más eficiente se pueda localizar el grupo de registros sobre el que realizar el acceso secuencial. En la Figura 1.4 se muestra el mismo ejemplo que en el anterior, pero se ha construido un segundo nivel de indexación. Observe que el segundo fichero de índices es más pequeño y, por consiguiente, puede estar completamente cargado en memoria. En primer lugar, se consulta el segundo nivel de indexación de manera directa. Luego, en el siguiente nivel de indexación, se realiza una lectura secuencial hasta encontrar el grupo de registros donde se encuentra el registro buscado para finalmente recorrer la zona de registros. En este ejemplo en concreto, no se obtiene una mejora sustancial porque se han creado dos niveles de indexación sobre un conjunto de registros pequeño.

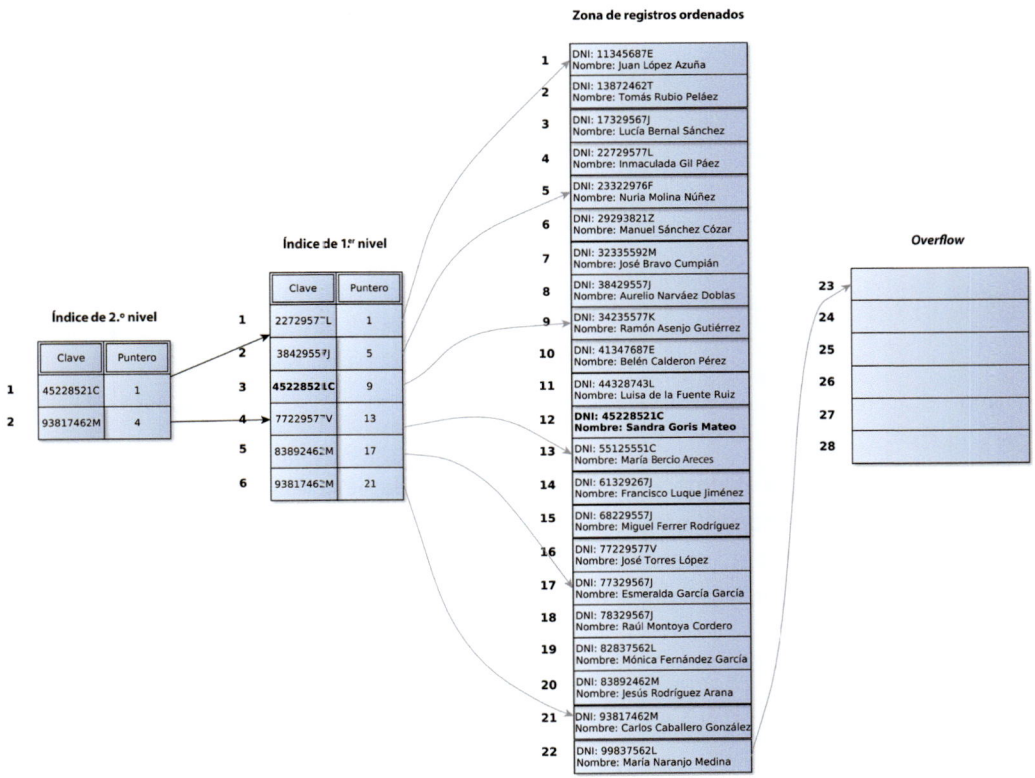

**Figura 1.4.** Acceso secuencial indexado con dos niveles de indexación e índice escaso del registro con el campo clave DNI y el valor 45228521C.

En la Figura 1.5 se ilustra el acceso secuencial indexado con un único nivel de indexación, y el índice es denso. Esto significa que cada entrada en el fichero de índices corresponde directamente a la posición del registro en la zona de registros. En este caso, el campo que se utiliza para la indexación no es un campo clave, sino que es un campo normal. Es decir, existen elementos que se repiten por la misma clave, los cuales se recorren secuencialmente. De este modo, se puede observar que se dispone de un conjunto de registros ordenados por el campo *Provincia*, existiendo varios registros que tienen el mismo valor en este campo. Todas las entradas del índice están relacionadas con los registros, de modo que posteriormente se realizará un acceso secuencial. Si el campo de indexación fuera un campo clave, tendríamos un esquema similar al del acceso directo. Sin embargo, en este caso se utilizaría el campo del registro en lugar de la posición del soporte físico como campo de indexación.

**Figura 1.5.** Acceso secuencial indexado con índice denso indexado con el campo *Provincia*.

En este tipo de índices el almacenamiento de datos requiere de un espacio extra, puesto que en la zona de registros es necesario almacenar los datos del registro, y un espacio para metadatos, como puede ser una marca para saber si dicho registro está activo o no, si ha sido borrado o referencias a otros niveles de indexación.

## RECUPERACIÓN DE REGISTROS

La fase de recuperación de un registro es bastante simple, puesto que se utilizará el fichero de índices, el cual estará alojado en memoria, evitando tener que acceder a disco. En caso de que el índice sea denso, la lectura es inmediata. Por otro lado, en índices escasos, si el registro se encuentra en el área de datos, se deberá recorrer por los diferentes niveles de indexación y los subgrupos de registros hasta encontrarlo, pudiendo aplicar una búsqueda mixta entre acceso directo y secuencial. Además, se puede aplicar la técnica de búsqueda dicotómica para obtener los registros más eficientemente.

## RECUPERACIÓN DEL SIGUIENTE REGISTRO

Para localizar el siguiente registro, se omite el fichero de índices y se realiza una lectura directa del registro siguiente al último al que se accedió. Esto es posible porque los registros están ordenados en la zona de registros por el campo clave.

## INSERCIÓN DE REGISTROS

La inserción de nuevos registros en este método es diferente según cada una de las versiones presentadas, índice denso o índice escaso. Es importante resaltar que lo realmente costoso en estos métodos es el mantenimiento del fichero de índices, ya que este debe permanecer ordenado para realizar búsquedas rápidas.

A continuación se realiza un pequeño análisis de la inserción para cada uno de los casos:

- **Índice denso**. En la inserción indexada con índice denso es requisito previo que todos los registros tengan el mismo tamaño. En este caso, el coste es idéntico que el que se produce en el acceso directo para la zona de registros, pero hay que sumar el coste que supone mantener actualizada la tabla de índices.

- **Índice escaso**. En el caso de insertar en este tipo de índices, primero hay que localizar el punto de comienzo del rango de los registros en la zona de registros accediendo desde el fichero índice. El siguiente paso consiste en desplazarse hasta la posición donde corresponde insertarlo ordenado y crear un hueco para tal fin. Esta inserción puede requerir la reestructuración del fichero de registros, ya que podría ser necesario reubicar un registro de una zona a otra. Esto, a su vez, implicaría modificar el fichero de índices, posiblemente creando un nuevo nivel.

En este tipo de organización de la información, las operaciones de inserción y eliminación de registros se ven significativamente penalizadas para mejorar el acceso a los datos. Por lo tanto, si se prevén muchas operaciones de inserción y eliminación, sería recomendable considerar una estructura de datos diferente. Por otro lado, si después de cargar los datos se realizan principalmente operaciones de acceso a los registros (lecturas), esta organización puede ser una opción atractiva, ya que su optimización se centra en las operaciones de lectura.

## MODIFICACIÓN DE REGISTROS

Las modificaciones en este tipo de métodos son similares a los anteriores métodos. En primer lugar, es necesario localizar el registro que se desea modificar; a continuación, el registro es cargado en memoria para realizar las modificaciones que serán posteriormente volcadas en el registro.

Para localizar el registro, es necesario realizar un acceso tal y como se ha descrito en la fase de inserción. En el caso de la modificación, si el nuevo registro ocupa el mismo espacio que el antiguo, la operación se reduce a sustituir un registro por otro. Sin embargo, si el tamaño del registro cambia como resultado de la modificación, se hace necesario realizar reajustes en la distribución de los registros. Este reajuste supone un sobrecoste bastante grande debido a que es posible que sea necesario mover registros de una zona de registros a otra zona de registros/desbordamiento y modificaciones en la tabla de índices.

Debido a que en este tipo de accesos el hecho de realizar modificaciones en los registros cuando el tamaño de estos es diferente es bastante costoso, es muy desaconsejable utilizarlo cuando se van a realizar muchas operaciones de modificación de registros, ya que está optimizado para realizar operaciones de lectura pero no operaciones de modificación.

## BORRADO DE REGISTROS

La operación de borrado tiene la misma complejidad que las operaciones de inserción y modificación, en las cuales es necesario realizar un reajuste. Analicemos los dos posibles métodos:

- **Índice denso**. En este caso se deberá eliminar la entrada en el fichero de índices, puesto que hay una relación uno a uno con la zona de registros. Además, habrá que eliminar el registro de la zona de registros.

- **Índice escaso**. En este caso se deberán eliminar todas las entradas de todos los ficheros de índices, según los diferentes niveles, en los que el valor clave sea el valor por el cual se indexa. Es posible que aparezca en algún nivel o en ninguno, si no aparece en ninguno de los niveles no es necesario modificar la tabla de índices. Además de la gestión de los ficheros de índices, es necesario eliminar el registro de la zona de registros.

## CONCLUSIONES

Los métodos de acceso secuencial indexado tienen las siguientes ventajas e inconvenientes.

- Ventajas

  - La organización secuencial indexada tiene las **ventajas del acceso secuencial,** permite realizar lecturas en bloque, puesto que los registros están ordenados por la clave del registro en la zona de registros.

- La organización secuencial indexada tiene las **ventajas del acceso directo**, puesto que al realizar acceso directo a los grupos de registros no es necesario tener que recorrer todos los registros previos hasta localizarlos. Eso sí, el acceso directo es más eficiente, puesto que es una relación uno a uno entre el fichero de índices y la zona de registros.

- **Inconvenientes**

  - **Limitación de *hardware*.** Solo se puede utilizar en soportes direccionables, no se puede implementar en soportes de almacenamiento que no permitan esta característica.

  - Es necesario **más espacio en disco** para almacenar la estructura de ficheros de índices que otras soluciones, como son los ficheros secuenciales o con acceso directo.

El tiempo medio de acceso a los registros aumenta con el paso del tiempo, puesto que al producirse nuevas altas con claves que se intercalan entre las que ya existen se hace uso de la zona de desbordamiento (*overflow*). Para solucionar este problema, hay que detener el sistema y volver a indexar todo los registros.

## ACCESO INDEXADO

El acceso indexado "puro" es una modificación del acceso indexado secuencial, el cual está compuesto por dos partes, ya que en esta implementación se suprime el uso de la zona de desbordamiento.

- **Zona de registros.** En esta zona se siguen manteniendo los registros del fichero, pero se almacenarán por orden de llegada. En este caso no se almacenarán ordenados por el campo clave, como ocurría con el acceso indexado secuencial. Los registros que se almacenan pueden ser de longitud fija o variable.

- **Zona de índices.** Existirá una referencia de la localización de cada registro. En este caso siempre habrá una relación uno a uno de referencia hacia un registro, índices densos. Los ficheros de índices, si existen varios niveles, están ordenados por el campo clave. Además, podrán existir tantos índices diferentes como campos existan en el registro, y cada uno permitirá realizar búsquedas por dicho campo.

En la Figura 1.6 se muestra un ejemplo en el cual se dispone de un conjunto de registros con la información del nombre de un animal y su equivalente en latín. Observe cómo los registros no se encuentran ordenados por el campo, sino que se ordenan los índices. El funcionamiento de los índices es exactamente igual, pero en este caso no existe un acceso secuencial porque todos los registros están ligados con una entrada del índice. Además, tampoco es necesaria una zona de desbordamiento porque los registros son insertados al final y no por orden. En la Figura 1.7 se muestra el mismo ejemplo, pero en este caso se dispone de un índice en el cual se han ordenado los registros utilizando el nombre en latín de los animales. Es perfectamente válido disponer de tantos índices como campos existan en los registros, teniendo en cuenta que estos índices ocupan espacio en el soporte de almacenamiento.

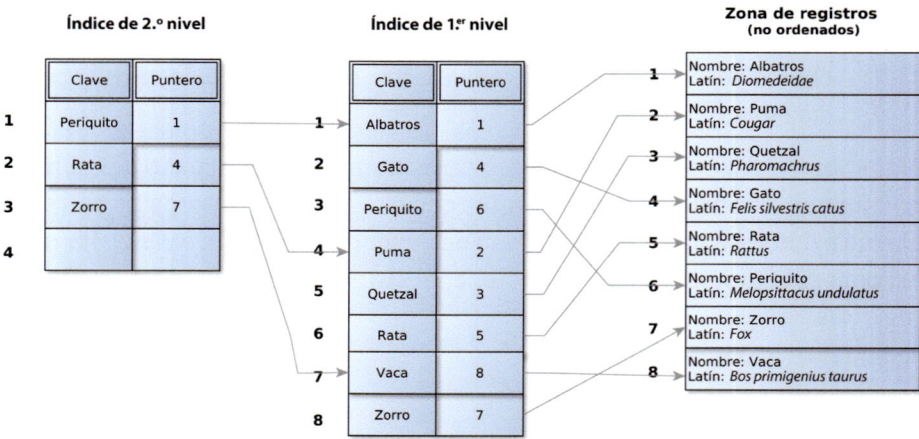

**Figura 1.6.** Acceso indexado con varios niveles de indexación utilizando la indexación en el campo *nombre*.

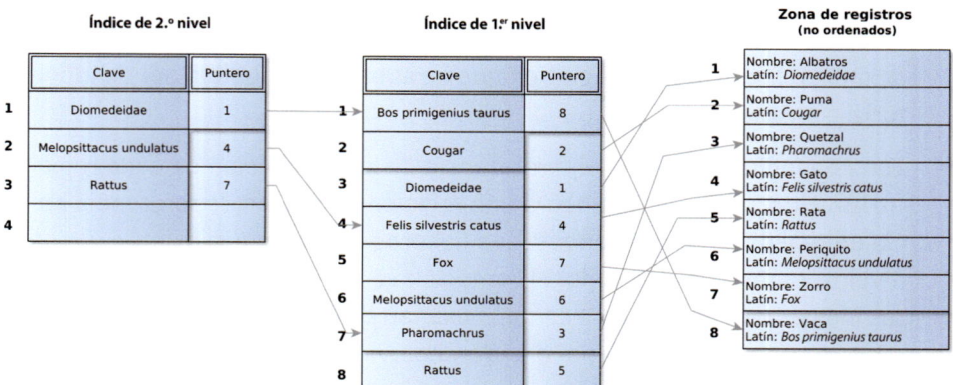

**Figura 1.7.** Acceso indexado con varios niveles de indexación utilizando la indexación en el campo *Latín*.

## RECUPERACIÓN DE UN REGISTRO

En este tipo de organización no es necesario que exista un área de desborda-miento, puesto que los registros no están ordenados en la zona de registros. Por lo tanto, la recuperación de un registro es más eficiente que la versión se-cuencial indexada porque solamente se deben realizar las búsquedas en los índices. Además, en este tipo de organizaciones se utilizan índices densos, lo que provoca que sean incluso más eficientes para recuperar un registro que las otras versiones, ya que no se requiere ningún acceso secuencial.

## RECUPERACIÓN DEL REGISTRO SIGUIENTE

La recuperación del siguiente registro requiere localizarlo en el índice. El índi-ce se encuentra ordenado, pero en la zona de registros es normal que los re-gistros estén distantes en el soporte de almacenamiento. Por lo tanto, en pro-cesos de lotes en los cuales se requiera extraer un subconjunto de los regis-tros, esta organización no es eficiente, mientras que la organización secuen-cial indexada sí se comporta de manera más eficiente ante este tipo de ope-raciones.

## INSERCIÓN DE REGISTROS

La operación de agregar un nuevo registro en este tipo de organización con-siste en colocarlo al final del fichero y actualizar todos los ficheros de los índi-ces. La agregación es bastante eficiente, ya que no se requiere utilizar la zona de desbordamiento. La gestión de los ficheros de índices puede ser bastante más compleja, haciendo uso de estructuras de datos avanzadas tales como árboles B o B+.

## MODIFICACIÓN DE REGISTROS

Realizar la operación de modificación consiste en localizar el registro y pro-ceder a realizar la modificación sobre el propio fichero y actualizar los índices afectados en caso de que haya que realizar un reajuste en la estructura, debi-do a que el registro sufre un incremento de tamaño.

## BORRADO DE REGISTROS

La eliminación de los registros no se aplica sobre la zona de registros, sino que se marca el espacio como disponible en el registro y se modifican todos los índices afectados en los ficheros de índices.

CONCLUSIONES

Los métodos de acceso indexado tienen las siguientes ventajas e inconvenientes.

- Ventajas

    − La organización indexada tiene las **ventajas del acceso directo**, puesto que todos los registros están asociados con una entrada en el fichero de índices.

    − Se pueden realizar búsquedas y órdenes por cualquier campo de los registros, puesto que se pueden construir índices para cada uno de estos.

    − La inserción de registros es muy eficiente, puesto que no se tienen que mantener en orden los registros, sino que se insertan al final y es la gestión de los índices donde recae el esfuerzo.

- Inconvenientes

    − **Limitación de *hardware*.** Solo se puede utilizar en soportes direccionables.

    − **Las operaciones por lote no son eficientes**. Al no realizarse lecturas por bloque, es necesario ir realizando los accesos de modo individual a los registros, que normalmente se encuentran alejados físicamente en los soportes de almacenamiento.

    − **Es necesario más espacio en disco** para almacenar la estructura de ficheros de índices que otras soluciones, como son los ficheros secuenciales o con acceso directo.

    − **La gestión de los índices es muy compleja** en las operaciones de inserción/modificación/eliminación de registros. Es necesario realizar reajustes de los índices.

## 1.1.4. Ficheros de acceso por direccionamiento calculado (*hash*)

Los ficheros de acceso por direccionamiento calculado son una especialización del acceso directo. Los registros se almacenan en el fichero sin seguir ningún orden, sino que es una función matemática la que determina la posición que ocupará cada registro. De este modo, la función matemática determinará la posición del registro tanto para la escritura como para la lectura del mismo. El algoritmo que determina la posición de los registros se denomina función *hash*, y al procedimiento de asignar o designar la posición del registro es conocido como *hashing*.

El principal inconveniente del acceso directo es su dependencia al *hardware* sobre el que se implementa la organización de datos. En la sección relativa al acceso directo, se mencionó que existía un direccionamiento relativo que permitía eliminar esta limitación *hardware*. El direccionamiento relativo consiste en aplicar una transformación al campo clave para obtener una posición relativa numerada de 0 a N. La dirección final se obtiene tras aplicar el siguiente cálculo:

> Dirección final = Dirección de inicio + (Dirección relativa * tamaño del registro)

Los métodos de transformación de clave se clasifican en dos familias de algoritmos:

1. **Algoritmos determinísticos**. En este tipo de algoritmos se asegura que la dirección que se calcula es única para cada uno de los valores que componen la clave de un registro.

2. **Algoritmos aleatorios**. En este tipo de algoritmos no se asegura que la dirección que se produzca sea única para cada uno de los valores que componen la clave de un registro. Cuando dos claves distintas resultan en la misma dirección, se produce una colisión. Es necesario determinar cómo resolver esta situación, ya que dos registros no pueden ocupar la misma posición. Una posible solución es el uso de estructuras de datos avanzadas, como punteros a otros nodos, funcionando a modo de lista encadenada. Los registros cuya función de *hash* produce la misma posición en el fichero se conocen como sinónimos.

En la Figura 1.8 se muestran dos funciones de *hashing,* en la que la primera es determinista, ya que dada una clave o parámetros de entrada obtiene una única respuesta para localizar los registros. La otra función es aleatoria o no determinista y provoca colisiones, puesto que dados dos campos de entradas diferentes provoca la misma dirección.

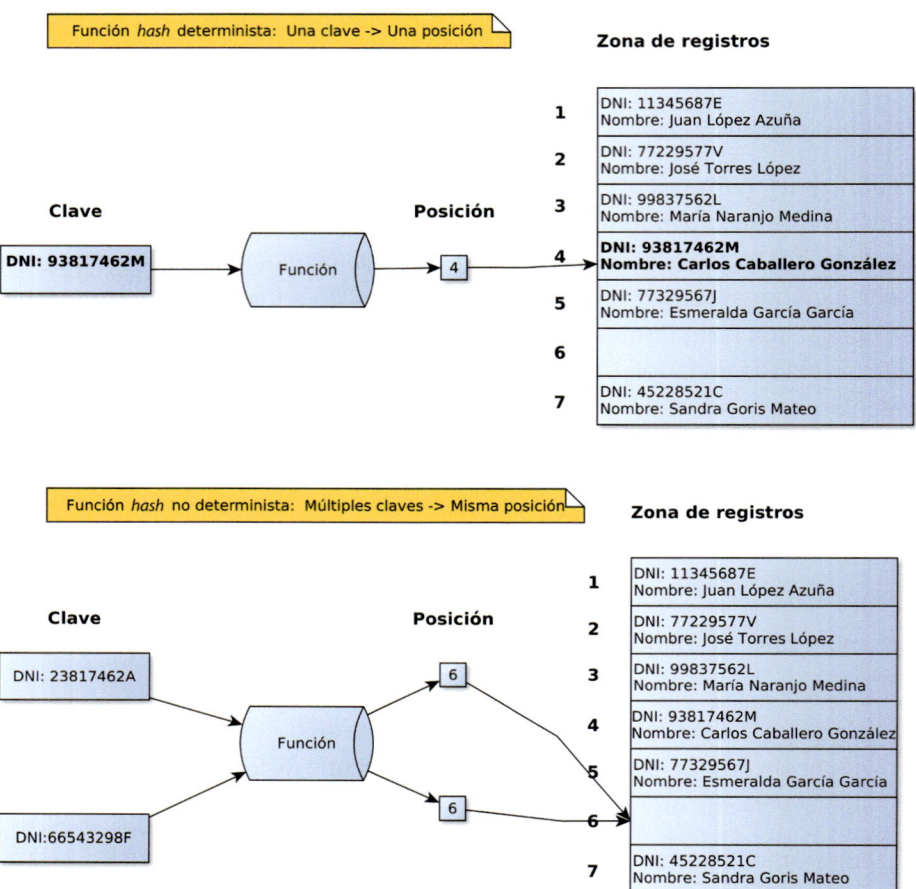

**Figura 1.8.** En la parte superior se muestra una función *hash* determinista en la que cada campo de entrada en la función obtiene una única posición como salida. En la parte inferior se muestra una función *hash* no determinista en la cual diferentes claves (parámetros de entrada) colisionan al provocar la misma dirección."

En los métodos de organización que emplean técnicas de transformación, es importante tener en cuenta las siguientes características:

1. **El tamaño de los cubos.** Los cubos son espacios de direcciones a los que se accede mediante un algoritmo de direccionamiento. Un cubo puede contener más de un registro, no está limitado a uno solo, y los registros dentro de un mismo cubo son considerados sinónimos. La función de hashing determina la posición del cubo, y luego es necesario encontrar el registro dentro de ese cubo. Esta estructura de datos puede ser compleja, pero para simplificar se puede usar una lista, lo que implica una búsqueda secuencial para encontrar el registro deseado.

2. **El número de cubos por ficheros**. El número de cubos se decide en la función de *hash* en función del tamaño de los mismos y del número de registros esperado. Un número demasiado grande de cubos provocaría un consumo excesivo de memoria y de tiempo de cálculo, mientras que un número demasiado pequeño de cubos provocaría perder todo el potencial de este tipo de organizaciones.

3. **La función de transformación o *hashing***. La función de *hashing* debe cumplir los siguientes objetivos para estar diseñada de un modo satisfactorio:

   a. Los resultados de la función deben estar dentro de **un rango controlado y serán aleatorios**. Este rango puede sobredimensionarse para evitar colisiones o puede minimizarse para provocar colisiones que serán tratadas. Por ejemplo, si se dispone de una base de datos correspondiente a la de un zoológico en la cual hay 250 especies diferentes. El rango original de especies que hay en el mundo se estima en 1,9 millones y el rango permitido de la función de *hash* debería estar entre 200 y 300, en caso de que se quisiera sobredimensionar en un 20 % el espacio o minimizar en un 20 %. En el caso de que la función devolviera posiciones entre 1 y 300, provocaría que existieran huecos vacíos que se asumen como perdidos o como espacio reservado si la base de datos creciese. En el caso de minimizar el rango, se debe gestionar el tratamiento de colisiones, puesto que se dispone de 200 huecos para 250 registros y será seguro que habrá registros en los que la función de *hashing* devuelva la misma posición.

   b. Las direcciones que genera la función de *hashing* deben **distribuirse uniformemente en el rango**, es decir, deberán existir pocos sinónimos y pocos huecos. No tiene sentido una función de *hashing* que asigne la misma posición a todos los registros, puesto que el resultado sería una organización secuencial sin ninguna ventaja frente a esta.

   Algunos ejemplos de funciones de *hashing* básicas son las siguientes:

   - **Residuo de la división**. Se obtiene de dividir la clave entre un número primo cercano al tamaño del fichero. La Tabla 1.3 muestra los valores de resultado que se obtendrían con algunos valores clave tras aplicar esta función teniendo en cuenta que el número primo utilizado es 307. Observe que todos los valores de clave por debajo de 307 tomarán de valor la misma clave, puesto que en teoría hay un cubo para albergarlos. Por otro lado, a partir de números de claves superiores a 307 comienza a haber colisiones que deben ser tratadas. Esta técnica es homogénea y no deja cubos vacíos.

**Tabla 1.3.** Resultado de la función de hash residuo de la división con un divisor 307 sobre algunas entradas

| Entrada (Clave) | Hash |
|---|---|
| 1 | 1 |
| 10 | 10 |
| 100 | 100 |
| 307 | 0 |
| 308 | 1 |
| 330 | 23 |

- **Doblar y sumar.** La clave se divide en partes y se suma. La suma final sería la dirección relativa. Por ejemplo, un registro con clave 745321 se partiría en dos partes y serían sumadas 745 + 321 = 1066. Existen modificaciones en las que se puede descomponer el número en tres partes, dando como resultado otro resultado *hash* 74 + 53 + 21 = 148. En la Tabla 1.4 se muestra un ejemplo de resultado de la función de *hashing* sobre valores de clave compuesta por seis dígitos, en la cual se ha partido en tres partes la clave. De este modo, el espacio de cubos oscila entre 0 (00 + 00 + 00) y 297 (99 + 99 + 99), pudiendo existir colisiones, tal y como se muestra en el ejemplo con los valores de entrada 247576 (175) y 237478 (175).

**Tabla 1.4.** Resultado de la función de *hash* doblar y sumar partiendo en tres partes sobre algunas entradas

| Entrada (Clave) | Hash |
|---|---|
| 101215 | 10 + 12 + 15 = 37 |
| 247576 | 24 + 75 + 76 = 175 |
| 237478 | 23 + 74 + 78 = 175 |
| 101010 | 10 + 10 + 10 = 30 |
| 999999 | 99 + 99 + 99 = 297 |

4. **El tratamiento de colisiones.** Las colisiones se producen cuando la función *hash* devuelve la misma posición para dos entradas diferentes y

ambos registros se almacenan en el sistema. En el caso de que la función *hash* produzca el mismo valor para dos registros diferentes pero solamente se almacene uno, no se estará produciendo colisión. En el caso de que se produzca la colisión, existen varios métodos para tratar las colisiones:

a. **Búsqueda lineal.** En el caso de que se produzca una colisión, se realiza un acceso secuencial hacia el siguiente hueco libre. Si está ocupado, seguiría haciendo movimientos secuenciales hasta localizar un hueco disponible. Existe la posibilidad de que el registro se almacene en el espacio de resultado de otro valor clave para la función *hashing* y las colisiones se produzcan en este caso entre valores en los cuales la función de *hashing* devuelve originalmente resultados diferentes. En la Figura 1.9 se muestra el ejemplo en el que el registro con clave 66543298F obtiene la posición 4 con la función *hash*. Esta posición está ocupada y se busca la inmediatamente siguiente, la cual también está ocupada. El registro se almacena finalmente en la posición 6, puesto que es la primera posición vacía desde la posición proporcionada por la función *hash*.

b. *Rehashing*. Se vuelve a calcular una nueva dirección para este registro. Para hacer eso, se toma otro campo del registro para recalcular la posición o se utiliza otra función de *hash* diversa que produzca una posición diferente. Este proceso puede repetirse unas cuantas veces hasta que se localice un hueco disponible. En la Figura 1.9 se muestra un ejemplo en el que un registro obtiene como posición una que ya se encuentra ocupada; en lugar de ir recorriendo una a una las posiciones hasta encontrar un hueco disponible, se vuelve a recalcular la posición con una nueva función de *hash,* incluso podría haberse diseñado recibiendo otros campos. El proceso se repite hasta que la posición proporcionada por la función *hash* esté vacía.

c. **Utilizar un almacenamiento auxiliar.** Es posible utilizar un espacio de almacenamiento de los registros diferente al fichero principal para almacenar todos los registros que coinciden en la misma función *hash*. En la Figura 1.9 se muestra en el último caso cómo, si la posición proporcionada por la función de *hash* está ocupada en lugar de recorrer secuencialmente hasta localizar el primer hueco disponible o volver a recalcular la posición, se reserva un espacio diferente donde se almacenarán todos los registros que coinciden en la función de *hash*. Esta técnica a veces es conocida como tablas *hash*.

## RECUPERACIÓN DE UN REGISTRO

La recuperación de un registro consume el tiempo de cálculo de la función *hash*, puesto que el coste del acceso es directo. Por lo general, las funciones *hash* deben ser rápidas, si no es así, el potencial de esta técnica se pierde.

## RECUPERACIÓN DEL SIGUIENTE REGISTRO

No es posible localizar el siguiente registro, a no ser que se conozca la siguiente clave para recalcular la función *hash*.

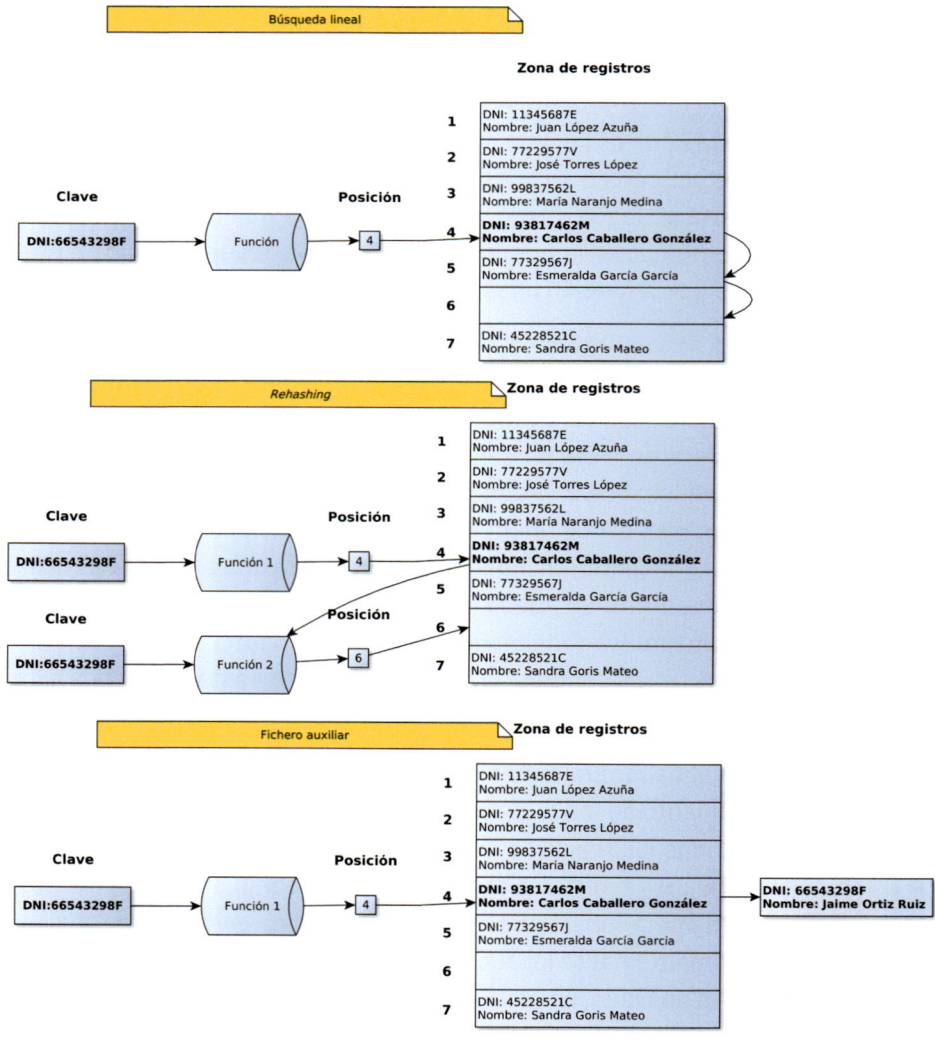

**Figura 1.9.** Tratamiento de colisiones en las funciones *hash*. Se muestra el tratamiento con las técnicas de búsqueda lineal, *rehashing* y fichero auxiliar.

## INSERCIÓN DE REGISTROS

La inserción de registros se realizará al igual que en las otras operaciones, cargando los datos en memoria, y a continuación calculando la posición del registro. En esta operación la mayor complejidad reside en el diseño de la función *hash*. Por tanto, el proceso de inserción conlleva la transformación de la clave, o claves, en la dirección relativa, acceder a dicha dirección y verificar si está ocupada. En caso de que no esté ocupada, se procederá a almacenar el registro, y, en caso de que esté ocupada, se procederá al tratamiento de la colisión según alguno de los métodos presentados en la sección anterior.

## BORRADO DE REGISTROS

En esta operación se deberá localizar en primer lugar el registro en cuestión a través de la dirección devuelta por la función *hash*, y luego se eliminará el registro, dado que los datos se almacenan de forma dispersa. No hacen falta acciones de mantenimiento adicionales.

## MODIFICACIÓN DE REGISTROS

La modificación se realizará igual que en el método de acceso directo, es decir, se accede a través de la dirección devuelta por la función *hash* y se traslada el registro a memoria, donde se modifica para su posterior volcado en el fichero. En caso de que se modifique la clave, se debe eliminar y volver a insertar con la nueva posición, recalculando su posición según la función de *hashing*.

## CONCLUSIONES

Al igual que en los otros métodos de acceso, se van a resumir las ventajas e inconvenientes de esta técnica:

- Ventajas
  - **Eficiencia en el acceso a datos**. La localización del registro en el fichero es muy rápida, puesto que es similar al acceso directo una vez se ha calculado la función *hash*. La eficiencia en el acceso de los registros no solo repercute en las lecturas, sino también en las otras operaciones que requieren localizar previamente el registro, como son modificar o eliminar.

- **Bajo coste en operaciones de mantenimiento**. Al no existir una zona de *overflow* o desbordamiento, sino que los registros acceden directamente o en pequeñas listas, no hay que realizar operaciones de mantenimiento para la estructura de datos.

- Inconvenientes

    - **Limitación por *hardware***. Al igual que los ficheros de acceso directo, este tipo de acceso está limitado a ciertos dispositivos *hardware,* en concreto a los dispositivos de acceso directo, como son los discos duros.

    - **Alto coste en recorrer todos los elementos**. Si se desean recorrer todos los elementos, se tiene que ir proporcionando una a una las claves e ir calculando la posición a través de la función *hash*.

## ACTIVIDADES

**1.1.** ¿Cuáles son los diferentes modelos de almacenar información en ficheros?

**1.2.** Define los siguientes conceptos: registro, campo, campo clave y fichero lógico.

**1.3.** Confecciona el esquema de los registros para tres ficheros diferentes en los que deberá confeccionar el conjunto de campos y campos clave para una empresa de autobuses en los siguiente supuestos:

A) Fichero con la información de los autobuses que son de su propiedad.

B) Fichero con la información de los conductores de la empresa.

C) Fichero con la información de los clientes que utilizan el servicio de autobuses.

**1.4.** ¿Por qué es importante analizar varias operaciones en los modelos de almacenamiento tales como recuperación de un registro, inserción, eliminación o actualización?

**1.5.** ¿En qué supuestos la mejor opción es el acceso secuencial como organización de datos? ¿Y el acceso directo?

**1.6.** Explica las ventajas e inconvenientes de utilizar el acceso secuencial y el acceso directo como organización de datos.

**1.7.** Cita cuatro ejemplos en los que se utilizaría un fichero de acceso secuencial.

**1.8.** Cita cuatro ejemplos en los que se utilizaría un fichero de acceso directo.

**1.9.** ¿Qué diferencia existe entre un índice exhaustivo y uno selectivo?

**1.10.** Describe las principales características y diferencias entre los distintos tipos de sistemas de ficheros de acceso indexado.

**1.11.** Confecciona el esquema de los registros, campos, campos clave y zona de índices, para una sucursal bancaria.

**1.12.** Explica las ventajas e inconvenientes de utilizar el acceso indexado.

**1.13.** Construye una estructura indexada con dos niveles de indexación de una base de datos en la que se almacenen productos de una tienda de informática. En los registros de los productos se debe tener en cuenta los siguientes datos: id_producto, nombre producto, precio. Finalmente, construye los índices en caso de querer tener ordenados los precios por precio y por id_producto.

**1.14.** ¿Cuál es la diferencia entre acceso directo y acceso por direccionamiento calculado (*hash*)?

**1.15.** ¿Cuáles son las posibles soluciones que se pueden aplicar cuando se produce una colisión en el acceso por direccionamiento calculado?

**1.16.** ¿Qué características deben cumplir las funciones de *hashing*?

**1.17.** Explica las ventajas e inconvenientes de utilizar el acceso por direccionamiento calculado.

**1.18.** Investiga sobre el funcionamiento de los árboles B y B+ para la indexación de registros en el método de organización de acceso indexado.

**1.19.** Razona qué método de organización utilizarías para los siguientes casos:
- **A)** Se van a realizar muchas lecturas por lotes y muy pocas operaciones de inserción/modificación/eliminación.
- **B)** Se van a realizar muchas operaciones de lecturas utilizando un campo clave de los registros, pero estas consultas serán individuales.
- **C)** Se van a realizar búsquedas de registros por diferentes campos de los que están compuestos los registros.
- **D)** Se van a realizar muchas operaciones de inserción y modificación sobre una gran cantidad de datos.

**1.20.** Construye una tabla comparativa con los puntos fuertes e inconvenientes de cada método de acceso.

# 2. Almacenamiento en SGBD

# Contenido

# Introducción

A medida que los avances tecnológicos han ido progresando, más cantidad de datos almacenados, antes de modo tradicional, han sido migrados en ficheros lógicos. En consecuencia, para las empresas y, en particular, para quienes están a cargo de manipular y mantener estos datos, el manejo del creciente volumen de datos almacenados en ficheros comenzó a ser un desafío. Para solucionar este problema que afectaba a todas las grandes empresas, surgieron las bases de datos y los sistemas gestores de bases de datos.

Las bases de datos son un componente informático que se encuentra en la vida cotidiana de la mayoría de personas. Es rara la persona que no interactúa diariamente con actividades o herramientas *software* que trabajan con bases de datos. Algunos de los ejemplos pueden ser: hacer reservas de hoteles, sacar libros de una biblioteca, realizar una transacción bancaria (ingresos o retiradas), o cuando se efectúa el pago de alguna compra en un supermercado. La evolución de las bases de datos ha permitido crear nuevas aplicaciones en las que se almacenan digitalmente imágenes, música y vídeos; otra de las aplicaciones que utilizan bases de datos de modo interactivo son los sistemas de información geográfico tales como mapas de Google o de Apple, la inteligencia artificial o los análisis de datos que utilizan bases de datos para extraer conclusiones. Hoy en día, las aplicaciones en tiempo real están constantemente accediendo a las bases de datos; para ello, surgen bases de datos especializadas en brindar este tipo de servicio.

En resumen, las bases de datos y todo el ecosistema que existe a su alrededor son algunas de las principales razones del incremento en el uso de los computadores, *tablets* y dispositivos móviles. Hoy en día, en cualquier aplicación móvil existe una base de datos tanto local como remota en un servidor de datos.

En este capítulo se describirán los diferentes sistemas gestores de bases de datos, en adelante SGBD, que existen en el mercado, según el paradigma sobre el que se construyen y su aplicación óptima para resolver problemas específicos. Se profundizará en las diferencias y similitudes que existen entre ellos. Además, se abordarán los diferentes tipos de usuarios que interactúan con las bases de datos, así como las estructuras de datos y funciones que estas ofrecen para satisfacer las necesidades de cada tipo de usuario.

## 2.1. Definición de SGBD

El concepto de bases de datos se utiliza en muchos ámbitos profesionales y no existe solo una definición para este concepto. La primera definición que se puede ofrecer sobre una base de datos, según algunos autores, es la siguiente:

*"Una base de datos es una colección de datos relacionados".*

Otros autores incluso prefieren omitir la parte de que los datos estén relacionados, quedando la definición general:

*"Una base de datos es una colección de datos".*

Ambas definiciones manejan el concepto de dato, que es lo realmente importante para los usuarios. Se consideran datos todos los hechos conocidos que se pueden almacenar y recuperar, y que tienen un significado en un contexto concreto. Las primeras bases de datos consistían en fichas de usuarios, en las cuales se almacenan nombres, direcciones, números de teléfonos y algunos comentarios sobre dicho usuario. En lugar de tener esta información en ficheros separados, o en un fichero para estos datos, se pueden almacenar en una base de datos, en la cual los hechos relevantes son las fichas de los usuarios, las cuales estarán compuestas por varios campos relevantes tales como nombre, dirección, teléfonos y comentarios.

La definición dada para las bases de datos es demasiado genérica y lleva a que conceptos o ficheros que no son bases de datos se consideren como tales. No se debe confundir un conjunto de datos con una base de datos. Imaginemos que se dispone de una lista de palabras almacenadas en un fichero, estas palabras no tienen ninguna relación ni utilidad para ningún usuario. En ese caso, no se considera una base de datos, ya que los datos no constituyen hechos relevantes y, por consiguiente, carecen de utilidad.

Por lo tanto, para ofrecer el concepto de bases de datos se suelen exigir unas propiedades sobre los datos para que se puedan considerar como tales. Estas propiedades son las siguientes:

- **Universo de discurso (*Universe of Discourse,* UoD)**. Las bases de datos deben representar algún aspecto del mundo real. Es decir, deben tener un significado para un contexto concreto, resolviendo un problema. Estos datos se conocen como el universo de discurso, puesto que se acota el mundo real a un contexto reducido de vocabulario y opciones.

- **Datos coherentes**. Los datos que se almacenan en una base de datos deben tener una coherencia entre sí, y no ser simplemente datos aleatorios que no tienen ningún sentido. En el ejemplo anterior se describe un fichero con palabras aleatorias; este conjunto de datos no define datos con coherencia y, por tanto, no puede considerarse como una base de datos.

- **Usuarios y aplicaciones**. Toda base de datos debe tener un grupo de usuarios que requiera utilizarla (con un fin como tal) y algunas aplicaciones que hagan uso de esta base de datos tales como aplicaciones *software* de escritorio, web o dispositivos móviles.

Un **sistema gestor de bases de datos (SGBD), o DBMS (***Data Base Management System***)** es una colección de programas cuyo objetivo es servir de interfaz entre la base de datos, el usuario y las aplicaciones. Cuando se define una base de datos se deben definir los tipos de datos, estructuras y restricciones de los datos que se almacenan en ella. Toda la información que describe la base de datos se conoce como catálogo o diccionario de la base de datos, a veces es conocida como metadatos.

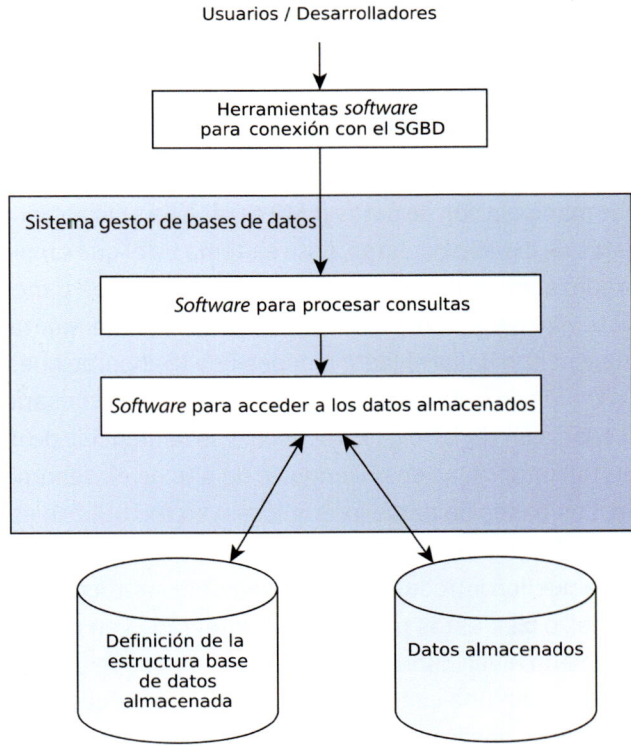

**Figura 2.1.** Esquema de un sistema gestor de bases de datos.

En la Figura 2.1 se muestra el entorno de un SGBD en el cual los usuarios del sistema, ya sean cualificados o no, acceden a programas que realizan consultas sobre las bases de datos. Estos programas pueden estar proporcionados por el propio SGBD o ser desarrollados por terceras partes). Este *software* accede al *software* propio del SGBD, el cual procesa la consulta para conocer de qué tipo es y cómo gestionarla de la mejor forma. Una vez que se conoce la operación que se va a llevar a cabo sobre la base de datos, se solicita a otra parte del SGBD que realice el acceso a los datos almacenados. En este momento se pueden modificar solamente los datos o la estructura de la base de datos, lo que implica modificar los metadatos de la base de datos.

Los sistemas gestores de bases de datos se componen de un lenguaje de definición de datos (*Data Definition Language*, DDL), de un lenguaje de manipulación de datos (*Data Manipulation Language,* DML) y de un lenguaje de control (*Data Control Language,* DCL). Un SGBD permite definir y manipular los datos a distintos niveles de abstracción, y manipular dichos datos, garantizando la seguridad e integridad de los mismos. De este modo, los lenguajes DDL y DCL actúan principalmente sobre el diccionario de la base de datos, mientras que DML actúa sobre los datos puramente. A continuación se describen cada uno de estos lenguajes.

- **Lenguaje de definición de datos (LDD o DDL).** Se utiliza para especificar el esquema de la base de datos, las vistas de los usuarios y las estructuras de almacenamiento. Es el que define el esquema conceptual y el esquema interno. Lo utilizan los diseñadores y los administradores de la base de datos.

- **Lenguaje de manipulación de datos (LMD o DML).** Se utilizan para leer y actualizar los datos de la base de datos. Este sistema es el que emplean los usuarios para realizar consultas, inserciones, eliminaciones y modificaciones. Existen sistemas de gestión de bases de datos procedimentales, donde el usuario suele ser un desarrollador y especifica las operaciones de acceso a los datos a través de la llamada a los procedimientos necesarios. Estos lenguajes acceden a un registro y lo procesan. Las sentencias de un LMD procedimental están integradas en un lenguaje de alto nivel, denominado lenguaje anfitrión. Las bases de datos jerárquicas y en red utilizan estos LMD procedimentales. No procedimentales son los lenguajes declarativos. En muchos SGBD se pueden introducir interactivamente instrucciones del LMD desde un terminal, o bien estas pueden estar integradas en un lenguaje de programación de alto nivel. Estos lenguajes permiten especificar los datos que se desea obtener en una consulta, o los datos que se quiere modificar, mediante sentencias sencillas. Las bases de datos relacionales utilizan lenguajes no procedimentales como SQL (*Structured Query Language*) o QBE (*Query By Example*).

- **Lenguaje de control de datos (LCD o DCL).** Este lenguaje proporciona los mecanismos para controlar el acceso a los datos almacenados en la base de datos. Los comandos más habituales en el DCL son: *grant,* que permite otorgar permisos a usuarios o roles para realizar tareas específicas del DML y DJL; o *revoke,* que se utiliza para eliminar permisos previamente concedidos a usuarios o roles mediante el comando *grant.* Algunas de las tareas sobre las que se suele dar permisos son: *connect, insert, update, delete* o *select.*

## 2.2. Identificación de diversos SGBD del mercado, desde los orientados para uso personal a los profesionales

En el mercado existen infinidad de SGBD, cada uno orientado a propósitos específicos. Sus clasificaciones también pueden ser variadas, pero la que nos interesa es la basada en el ámbito de uso, ya sea personal o profesional, lo cual suele estar relacionado con el coste de mantenimiento del sistema. Esto no se refiere a si el SGBD es de pago o gratuito, sino a cuántas personas se necesitan para mantener y administrar el SGBD. También está relacionado con la cantidad de usuarios concurrentes y con el coste del *hardware* necesario para garantizar un funcionamiento fluido.

Vamos a especificar algunos detalles de las clasificaciones más comunes que se pueden encontrar para un SGBD en el mercado.

- **Ámbito de aplicación.** Un SGBD puede estar orientado a diferentes propósitos, atendiendo a ello se pueden encontrar los siguientes:

  - *De propósito general.* Este tipo de SGBD es adaptable a cualquier ámbito, pero por esto mismo la eficiencia máxima que puede ofrecer es limitada. Un ejemplo muy bueno sería un SGBD pensado para gestionar las ventas, compras y *stock* de cualquier negocio. Este nos valdría tanto para una tienda de electrónica como para una carnicería, ya que las relaciones son las mismas. La mayoría de SGBD son genéricos para poder ofrecer servicios a la mayoría de aplicaciones que existen en el mercado. En la Figura 2.2 se muestra un ejemplo de varios ficheros (entidades) de un SGBD genérico en el cual se hace referencia de la relación entre clientes, factura, detalle y producto. Observe que cada uno de estos ficheros contiene información de un elemento como por ejemplo, un cliente o una factura, que se relacionan entre sí. Los SGBD genéricos no solo están limitados a comercios, sino que se pueden utilizar para almacenar la información que se desee, por ejemplo, datos de una asociación de vecinos, liga de fútbol entre amigos o cualquier tipo de información relevante para un conjunto de usuarios. Algunos ejemplos de SGBD de propósito general son: Microsoft Access, Oracle Database, Microsoft SQL Server, MySQL, MariaDB, etcétera.

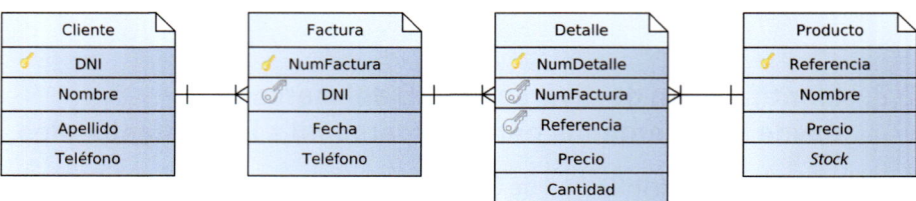

**Figura 2.2.** Ejemplo de una base de datos genérica
en la cual se han descrito varias entidades.

- *De propósito específico*. Este sistema ha sido diseñado para dar soporte a una aplicación particular, no es reutilizable en cualquier otra, el rendimiento esperado debe ser máximo. En este caso se construye el SGBD, debido a que es necesario cubrir requerimientos que los SGBD genéricos no pueden solventar. Normalmente se debe a que se requiere un extra de rendimiento. Este tipo de SGBD se desarrollan para aplicaciones bancarias, aerolíneas y entornos muy concretos. El sobrecoste del desarrollo *software* en este caso es demasiado elevado para la mayoría de los problemas que se plantean. No debe confundirse que el SGBD sea de propósito específico con que se construya una base de datos específica. Normalmente, el diseño de la base de datos, los datos que se van a almacenar, es específico a un universo de discurso.

- **Según el número de usuarios** a los que atiende se pueden encontrar los siguientes:

  - *Monousuario*. Este tipo de SGBD se destina a un ámbito personal o doméstico y solo proporciona acceso a un usuario a la vez. Un ejemplo de este tipo sería el control de los ingresos y los gastos de una familia. Actualmente, es raro que un SGBD permita el acceso a un único usuario, puesto que la tendencia es que se compartan los datos. No obstante, los SGBD de Microsoft Access o LibreOffice Base son ejemplos de esta categoría.

  - *Multiusuario*. Este tipo de SGBD permite el acceso concurrente a la base de datos a múltiples usuarios al mismo tiempo. Aquí se encuentra la mayoría de SGBD del mercado. La tendencia es que esta característica se incorpore en todos los SGBD por defecto.

- **Según su coste** o su tipo de licencia:
    - *Gratuitos*. La empresa que desarrolla el SGBD no cobra ningún tipo de cargo por su uso, sino que ofrece sus servicios por la consultoría y asistencia técnica. Por ejemplo, MariaDB, PostgreSQL...
    - *De pago*. La empresa que lo desarrolla cobra por la licencia de uso del SGBD o el código. Estas licencias pueden ser diferentes según el número de usuarios concurrentes o equipos en los que se ejecutará. Por ejemplo, Oracle Database, Microsoft SQL Server...

- **Según su distribución:**
    - *Centralizados*. Tanto el SGBD como sus datos están centralizados en un único equipo, esto conlleva una serie de riesgos y desventajas.
    - *Distribuidos*. Los datos y el SGBD ya no solo están separados en máquinas distintas, sino posiblemente en ámbitos geográficos distintos. Por ejemplo, la base de datos de una gran superficie, como podría ser El Corte Inglés o cualquier cadena de supermercados que se encuentra distribuida en diferentes sedes. A su vez, estas se dividen en dos subgrupos:
        - ✓ **Homogéneos**. Se utiliza el mismo SGBD en los diferentes lugares donde se implantan las bases de datos.
        - ✓ **Heterogéneos**. Se utilizan distintos SGBD. Esto da lugar a los llamados SGBD federados o sistemas multibase de datos, en los que los SGBD participantes tienen cierta autonomía local y tienen acceso a bases de datos autónomas preexistentes. Estos surgen debido a la existencia física de organismos descentralizados en la organización.

- **Según su modelo de datos**. Es uno de los principales criterios de organización de un SGBD. Estos buscan la clasificación según el modelo lógico de datos, los más conocidos son los modelos relacional, orientado a objetos, jerárquico, en red, transaccional, multidimensional, documental y deductivo. Es similar al paradigma de los lenguajes de programación, puesto que definen cómo se almacena la información y cómo se interactúa con ella. Los diferentes modelos de datos tienen ventajas e inconvenientes según las aplicaciones que se desean construir. A continuación se describen algunos de estos modelos de datos:
    - **Orientado a objetos**. Este modelo se basa en el concepto del encapsulamiento de datos y del código que opera sobre ellos. Los objetos

estructurados se agrupan en clases, el conjunto de clases y, a su vez, el estructurado en subclases y superclases. La información se representa del mismo modo que en los lenguajes basados en la programación orientada a objetos. Es más, estas se diseñan para trabajar en conjunción con lenguajes orientados a objetos tales como Java, C#, .NET o C++.

- **Jerárquico**. En este modelo las bases de datos almacenan su información en una estructura jerárquica. Es decir, la estructura de datos que se utiliza para almacenar la información es un árbol. En esta estructura de datos el nodo padre puede tener varios hijos; al nodo que no tiene padres se le llama raíz, y a los nodos que no tienen hijos se les llama hojas. Una de las limitaciones de este modelo es su incapacidad de representar eficientemente la redundancia de datos, a cambio de ofrecer un mayor rendimiento que otros modelos de organización de datos. En la Figura 2.3 se muestra gráficamente cómo sería el diseño del modelo de datos de una base de datos jerárquica.

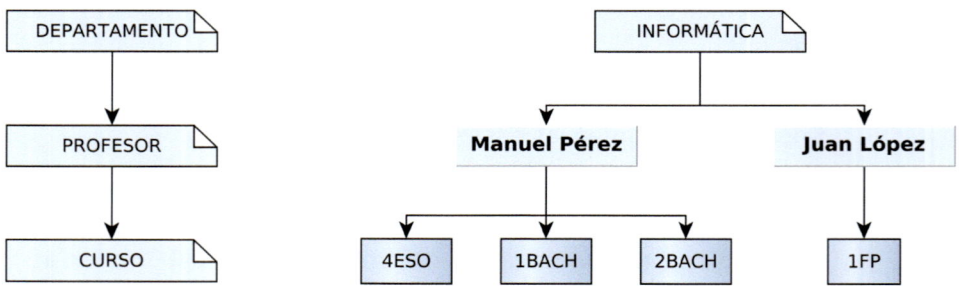

Figura 2.3. Modelo de datos de una base de datos jerárquica.

- **En red**. Este modelo es una especialización del modelo jerárquico, puesto que permite que los nodos hijos tengan más de un padre. Así, se soluciona el problema de la falta de redundancia de datos que se presenta en el modelo jerárquico. No obstante, este modelo de organización de datos es complejo y suelen utilizarlo desarrolladores para resolver cuestiones particulares de su *software,* en lugar de ser un modelo de organización de datos elegido para almacenar datos que se relacionan entre sí. En la Figura 2.4 se muestra el diseño del modelo de datos de una base de datos en red.

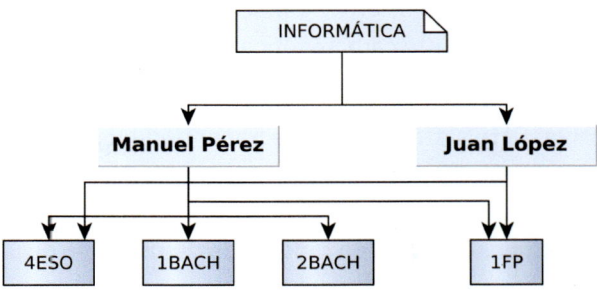

**Figura 2.4.** Modelo de datos de una base de datos en red.

- **Transaccional**. Este modelo de datos solo tiene un fin: envío y recepción de datos sin retardo. Por lo tanto, en este modelo la redundancia y la duplicación de información no es relevante para conseguir su objetivo. Estos modelos se combinan normalmente con bases de datos relacionales para aprovechar al máximo ambos modelos. Por ejemplo, en una aplicación bancaria en la que se gestionan los movimientos entre cuentas bancarias se realizan dos operaciones simultáneamente para un solo movimiento: 1) Se decrementa el saldo en la cuenta de origen; 2) Se aumenta el saldo en la cuenta destino. Para garantizar la atomicidad de la base de datos, las dos operaciones deben ser atómicas por sí mismas. Es decir, el sistema gestor de bases de datos garantiza que se han realizado ambas operaciones o no se realiza ninguna.

- **Relacional**. La idea fundamental de este modelo es establecer relaciones entre entidades que conforman la base de datos. Por ejemplo, una entidad puede ser las fichas de los contactos de una agenda y otra entidad son los teléfonos de estos contactos. De este modo, se establecen relaciones entre los contactos y los teléfonos. En este modelo, el cómo y dónde se almacenan los datos pasa a segundo plano.

- **Multidimensional**. Este modelo de datos no es muy distinto al modelo relacional, la diferencia es más bien conceptual. En este modelo los campos o atributos de cada entidad pueden ser de dos tipos: 1) Representan dimensiones de la entidad; 2) Representan métricas que se van a estudiar.

- **Documental**. Este tipo de sistemas gestores de bases de datos están centrados en gestionar documentos de texto. Estos SGBD permiten realizar búsquedas sobre documentos más potentes que en otros modelos. Esto se logra realizando una fase previa de indexación, es decir, se realiza una catalogación de dónde se encuentra cada una de las palabras de los textos. Esta característica se incorpora en los SGBD que están orientados a otro paradigma en algunas entidades o campos concretos.

— **Deductiva**. Este sistema permite hacer deducciones a través de inferencias, se basa en reglas y hechos que son almacenados. También se conocen como bases de datos lógicas, ya que se basan en la lógica matemática. Este tipo de modelo de datos surge de las limitaciones del modelo relacional para responder a consultas recursivas y para deducir relaciones indirectas de los datos almacenados en esta.

Una vez descritas algunas de las principales categorías en las que se clasifican los SGBD, se van a enumerar algunos de los SGBD personales y profesionales que se utilizan en la actualidad:

• **Personal**. Los SGBD personales suelen incluir una interfaz de usuario cómoda para usuarios no expertos. Normalmente, estos SGBD son monousuario y centralizado, es decir, un único usuario realizará todas las tareas y tanto los datos, el diccionario del SGBD como el propio SGBD estarán en el mismo computador. La lista de los SGBD es bastante reducida, puesto que muchas tareas que quieren realizar los usuarios se resuelven con aplicaciones concretas que se comunican con una base de datos. Por ejemplo, si un usuario requiere controlar los gastos personales, recurrirá a una aplicación móvil o de escritorio que le proporciona una interfaz de usuario usable que se comunica con un SGBD.

— *Microsoft Access*. Este SGBD está incluido en el paquete ofimático de Microsoft Office. Es un SGBD general y utiliza la misma interfaz de usuario que todas las herramientas del paquete ofimático. La primera versión de este *software* data de 1992. En el nuevo auge de los entornos colaborativos ha comenzado a migrarse hacia la web, disponiendo de una versión de la base de datos en la nube *(cloud)*.

— *Apache OpenOffice Base*. Es el SGBD que forma parte del paquete ofimático Apache OpenOffice. Es equivalente al SGBD de Microsoft Access, pero su licencia y filosofía se enmarca en el *software* libre. Este SGBD, igual que los anteriores, proporciona asistentes, vistas de diseño y vistas de manipulación del lenguaje SQL. No obstante, se pueden obtener datos de otras fuentes de datos o utilizar otros SGBD más potentes haciendo uso de la herramienta visual que lo gestiona, tales como MySQL, Microsoft Access, LDAP o cualquier base de datos que utilice los conectores ODBC y JDBC. Este SGBD pertenece a la compañía Oracle tras la compra de la compañía Sun Microsystem.

- *LibreOffice Base*. A raíz de la compra de Oracle por Sun Microsystem surge el proyecto *opensource* de LibreOffice. Este software es muy similar a Apache OpenOffice Base, ya que es un derivado de este. En la actualidad lo desarrolla otra comunidad de desarrolladores, pero trabajan conjuntamente en muchas funcionalidades comunes.

- **Profesional.**

  - *Oracle Database*. Oracle Corporation es la compañía que surge en 1977 con el producto de SGBD llamado Oracle Database. Hoy en día es una de las compañías con mayor poder económico del mundo, y su mercado no solo se centra en el SGBD. La base de datos de Oracle es del tipo objeto-relacional y se considera el entorno más completo de desarrollo, en cuanto a transacciones, estabilidad, escalabilidad y soporte multiplataforma. Este SGBD es el dominante en el mercado de grandes empresas debido a que su coste de licencia y soporte técnico es muy elevado para cualquier empresa de un tamaño mediano.

  - *PostgreSQL*. Este SGBD es el competidor *opensource* de Oracle, el cual también trabaja en el paradigma relacional orientado a objetos. Este SGBD es de código abierto y tiene más de treinta años de desarrollo. Su complejidad es similar a la de Oracle, y se debe implantar en proyectos de un tamaño mediano.

  - *MySQL*. Es probablemente el más popular de los SGBD debido a su implantación en los desarrollos web de pequeños y medianos proyectos. Este SGBD es relacional, multihilo y multiusuario, con millones de instalaciones. MySQL perteneció a Sun Microsystem desde 2008 y posteriormente a Oracle Corporation. Hoy en día, se ofrece bajo GNU GPL para la mayoría de los desarrollos, pero para obtener características extras se ofrecen planes con precios, debido a que pertenece a una empresa privada. La mayor parte del código de este SGBD tiene derechos de autor (Oracle). MySQL se ha utilizado en proyectos de gran envergadura en algún momento o conjuntamente con otros SGBD, tales como Wikipedia, Facebook, YouTube y X (antes Twitter).

  - *MariaDB*. A raíz de la compra de Sun Microsystem por Oracle Corporation se adquirió el SGBD MySQL. Del mismo modo que nació LibreOffice Base, surge MariaDB como un SGBD derivado de MySQL. MariaDB está bajo la licencia GPL y lo ha desarrollado el fundador de MySQL y una comunidad de desarrolladores de *software* libre. Dentro de las principales diferencias entre MySQL y MariaDB están los nuevos motores de indexación (véase el Capítulo 1). El motor Aria sustituye a MyISAM y XtraDB a InnoDB; por lo tanto, aunque es un SGBD derivado, sus motores internos son diferentes en la actualidad. No obstante, los administradores de bases de datos y desarrolladores no encontrarán diferencias significativas de uno a otro en la mayoría de tareas, puesto que tiene una alta compatibilidad con MySQL.

— *SQLite*. Este SGBD funciona bajo el modelo de datos relacional y tiene como características principales su pequeño tamaño menos de 300 kB, es de dominio público y no funciona bajo el modelo cliente-servidor. El SGBD no es un proceso independiente del programa que hace uso de este SGBD, sino que se enlazan conjuntamente. Tanto el SGBD como la aplicación se distribuyen conjuntamente, puesto que lo que se pretende es disponer de un SGBD para aplicaciones que funcionan en local. Los metadatos (el diccionario) se almacenan en un fichero en el propio dispositivo donde se ejecuta la aplicación. Aunque este SGBD es muy simple, sigue respetando que los datos no se sobreescriban en operaciones simultáneas, o en situaciones inesperadas, puesto que los ficheros se bloquean cuando se hace uso de ellos evitando que sucedan estas circunstancias.

— *Apache Derby/Java DB*. Este SGBD inicialmente fue creado por IBM y hoy en día se mantiene por la comunidad de Apache. Su modelo de trabajo es relacional y tiene el mismo funcionamiento que SQLite. Es decir, se utiliza para integrar un SGBD a las aplicaciones *software* desarrolladas en el lenguaje JAVA. La empresa Oracle distribuye el mismo código del SGBD bajo el nombre de JavaDB.

— *MongoDB*. Es un SGBD de datos NoSQL, así son conocidos los SGBD que no son relacionales u objeto-relacionales. Está orientado a documentos y su desarrollo es bajo scódigo abierto. Es uno de los SGBD NoSQL más populares por su implantación en aplicaciones web, utilizando documentos tipo JSON (*JavaScript Object Notation*) en lugar de tablas. Se encuentra disponible en varios sistemas operativos como son Linux, OS X, MS Windows o Solaris. Algunas de las empresas que utilizan este SGBD son MTV, Foursquare o Craiglist.

— *Redis*. Es un SGBD NoSQL que almacena pares de valores (clave/valor) en memoria RAM, es decir, cada cierto número de operaciones la información se almacena en ficheros. Es un SGBD desarrollado en el marco del código libre en el cual se utilizan estructuras de datos del tipo de tablas de pares, aunque se pueden utilizar listas o conjuntos. Redis soporta operaciones atómicas y su principal ventaja frente a otros SGBD es su alto rendimiento en datos que no deben perdurar en el tiempo. Es decir, en comunicaciones en tiempo real. Por ejemplo, esta base de datos se utiliza para el cacheo en la web Stack Overflow.

— *Apache Cassandra*. Este SGBD sigue el mismo modelo de datos que Redis. El modelo de datos es un híbrido entre el modelo clave-valor y una base de datos tabular (orientado a columnas). Este tipo de bases de datos no permite realizar subconjuntos ni *joins*. Se utiliza en empresas como Twitter, Facebook o Apple. Este SGBD obtiene mejores resultados en la escalabilidad de nodos con la base de datos, pero tiene como desventaja que, al disponer de mayor cantidad de nodos distribuidos, existe mayor latencia en los datos.

## 2.3. Descripción breve de los distintos roles de usuario que emplean los SGBD con carácter general

En la administración de cualquier SGBD surge la necesidad de gestionar las acciones que se realizan tanto sobre el propio SGBD, como sobre cualquier objeto que es almacenado en este. En la gestión de la información de la base de datos es primordial la integridad de los datos y de sus estructuras, y es por ello que surge la necesidad de disponer de un mecanismo de autorización sobre los diferentes objetos de la base de datos. En los SGBD existen diferentes tipos de privilegios para alcanzar este objetivo. De este modo, siempre existe un privilegio relacionado con un usuario y un objeto.

No se puede crear un usuario sin asignar privilegios, ya que esta acción se realiza principalmente para limitar las acciones que estos pueden llevar a cabo. En los SGBD existen distintos tipos de privilegios, a continuación se detallan los diferentes niveles de privilegio de los que disponen la mayoría de SGBD.

- **Globales**. Se aplican a todas las bases de datos del SGBD. Es el nivel más alto y su ámbito también es el más general.

- **De bases de datos**. Solo se aplican a las bases de datos individuales o a grupos de ellas, así como a todos los objetos que están contenidos en ella.

- **De tabla**. Se aplican a tablas individuales, así como a todas las columnas de esas tablas.

- **De columna**. Aunque se utiliza poco, puede ser necesario. Solo se aplica a una columna o a un grupo de ellas de una tabla concreta.

- **De procedimientos**. Estos se aplican sobre procedimientos, que son un conjunto de operaciones o programas almacenados físicamente en la base de datos para operar sobre ella.

Los nombres de los privilegios pueden variar de un SGBD a otro, pero el concepto subyacente es el mismo. A continuación se describen los más relevantes que se pueden encontrar en la mayoría de SGBD:

- **Selección (*SELECT*)**. Proporciona los permisos de consulta sobre los objetos relacionados.

- **Creación (*CREATE*)**. Permite la creación de nuevos objetos, como por ejemplo: tablas, vistas, índices y restricciones (*Constraints*).

- **Inserción (*INSERT*)**. Permite insertar nuevos registros en los objetos relacionados al privilegio.

- **Actualización (*UPDATE*)**. Permite modificar la información contenida en los objetos relacionados.

- **Borrado (*DELETE*)**. Permite eliminar registros o tuplas contenidas en los objetos relacionados.

- **Alteración (*ALTER*)**. Permite realizar modificaciones a la tabla relacionada.

Un rol es una capa de abstracción que, entre otras cosas, facilita la gestión de privilegios y restricciones sobre los objetos de una base de datos. Es decir, un rol es un conjunto de privilegios que pueden asignarse a un usuario. Al igual que a los usuarios, a los roles se les asignan permisos y restricciones. A un usuario se le pueden asignar uno o más roles, y un rol puede ser asignado a uno o muchos usuarios. Cuando un usuario tiene asignado un rol, tiene los mismos privilegios y restricciones que se le aplican al rol. Los roles más comunes en todos los SGBD son los siguientes:

- **Administrador de la base de datos**. Este rol se le suele asignar a la persona o personas encargadas de realizar el diseño de la base de datos, la definición de los datos, el acceso a estos y sus restricciones, así como definir los permisos y roles de los demás usuarios de la base de datos. A continuación se describen algunas de las principales funciones que desarrollan los usuarios de este rol.

  - *Definición del esquema de la base de datos.* A nivel lógico, que será la representación y definición del problema que se ha de solucionar o del servicio que se ha de cubrir. A nivel físico, que cubrirá la estructura interna del almacenamiento de los datos y el acceso a los mismos. Ambas partes se realizan usando el lenguaje de definición de datos (LDD).

  - *Preservar la privacidad.* Define los permisos y privilegios para cada usuario, teniendo cuidado a qué datos puede tener acceso. Debe evitarse que usuarios sin privilegios puedan acceder a los datos de otros usuarios y sí se debe permitir que usuarios que comparten datos puedan tener acceso a estos sin complicaciones. En España, además, se debe cumplir con la Ley Orgánica de Protección de Datos (LOPD) en todos los ficheros/base de datos que almacenen información de particulares.

— *Mantenimiento, modificación y monitorización del esquema.* A lo largo del tiempo se tendrán que poder llevar a cabo modificaciones en el esquema de la base de datos, como respuesta a cambios en la organización. Además, se tendrán que observar las operaciones más comunes para mejorar el rendimiento del sistema y preservar la integridad de los datos.

— *Protocolo de actuación.* El administrador debe tener y realizar un protocolo de actuación tanto para problemas comunes, como para fallos graves en el sistema. El SGBD es un *software* que se ejecuta en un sistema operativo, el cual es susceptible de actuaciones y fallos en el *hardware* o *software,* como pueden ser fallos en la memoria RAM, la caída del sistema, la posible ruptura de cualquier componente *hardware* o el espacio en el dispositivo de almacenamiento persistente oportuno, así como un fallo de seguridad en el sistema operativo, el sistema operativo corrupto por un mal uso de la gestión de recursos por parte de este, o un *software* dañino para el sistema (virus, troyanos, *malware*).

— *Copias de seguridad.* Se deben programar diferentes tipos de copias de seguridad periódicas de la base de datos para proteger los datos ante la pérdida, el deterioro, los fenómenos atmosféricos y demás fallos del sistema.

— *Supervisión del rendimiento de la base de datos.* El administrador de bases de datos debe estar atento a que el uso de la base de datos por parte los usuarios no provoque que el rendimiento del mismo se degrade con el paso del tiempo. Esto puede producirse debido a que los datos se vuelvan poco a poco corruptos o inestables para las operaciones que realizan los usuarios, y, por lo tanto, paulatinamente resolver estas operaciones tiene un impacto mayor en el rendimiento del sistema.

• **Desarrolladores**. Este tipo de usuario es el encargado de desarrollar aplicaciones, que usarán la base de datos directamente o serán utilizadas por el usuario final para interactuar con la base de datos a través de una interfaz gráfica. Los desarrolladores permiten que los usuarios finales se comuniquen con la base de datos de forma transparente, puesto que no necesitan conocer las operaciones ni las sentencias del SGBD para trabajar con la información que ellos desean. Los desarrolladores pueden crear aplicaciones que se comunican con los SGBD utilizando diferentes lenguajes de programación. No obstante, la mayoría de SGBD incorporan lo que se conoce como *lenguajes de cuarta generación*, los cuales permiten crear interfaces de usuario de forma rápida mediante formularios, lo que resulta útil para la mayoría de las tareas de los usuarios. Por ejemplo, MS Access incorpora una vista que permite crear formularios (para la inserción y modificación de la información en la base de datos) y pantallas de visualización en tablas a través de asistentes. La herramienta de cuarta generación más popular puede que sea la de la compañía Oracle, conocida como Oracle Forms.

- **Usuario final**. Este usuario es la persona que trabaja directamente con la información que hay almacenada. Dependiendo del contexto podrá realizar las cuatro operaciones básicas sobre cada entidad de la base de datos. Estas operaciones básicas son: crear, acceder, actualizar y eliminar los datos, lo que se denomina CRUD (*Create, Read, Update, Delete*). Dentro de una organización hay distintos tipos de usuarios finales, ya que no todos los departamentos necesitan ver la misma información, o no todas las personas pueden crear registros nuevos en la base de datos. De este modo, se pueden resumir los diferentes usuarios finales en la siguiente clasificación:

  - *Casuales.* Son usuarios que acceden pocas veces a la base de datos, pero requieren acceder para tomar información que cambia en el tiempo. Estos usuarios normalmente son administradores o usuarios cualificados, puesto que suelen acceder a los datos desde interfaces de usuario textuales que les permiten introducir directamente el lenguaje de consulta de la base de datos en cuestión.

  - *Principiantes/paramétricos.* Este tipo de usuarios finales es uno de los grupos mayores de usuarios finales de una base de datos. Estos usuarios tienen tareas muy claramente definidas, como pueden ser actualizar o insertar nuevos registros en la base de datos. Su conjunto de operaciones está claramente delimitado y parametrizado. Algunos ejemplos de este tipo de usuarios son los agentes de seguros de coches, que pueden consultar las fichas de los asegurados y asignarles nuevas pólizas de seguro, pero no pueden modificar las pólizas que la compañía tiene establecidas. Otro ejemplo son los empleados de los cajeros de grandes superficies de alimentos, estos empleados solo pueden crear nuevos registros de compra en los que agregan los productos y consultar los precios de los productos, no pueden modificar registros ni eliminarlos.

- *Independientes.* Son el otro gran conjunto de usuarios finales que maneja una base de datos. Este tipo de usuarios hace uso de la base de datos a través de un panel gráfico construido por los desarrolladores. Son usuarios independientes, ya que no precisan la ayuda de nadie para realizar sus tareas. Es decir, es el propio *software* el que los guía en sus tareas sin necesidad de tener que escribir ningún código ni consultas sobre la base de datos. El propio *software* debe proporcionar todas las herramientas necesarias para que el usuario realice todas las tareas que tenga que llevar a cabo.

- **Otros usuarios**. Hasta este momento se han descrito los usuarios que hacen uso, administran, diseñan y crean aplicaciones para el uso de SGBD. No obstante, existen otros usuarios que hacen posible la existencia de los SGBD y sin ellos no sería posible todo el ecosistema de usuarios anteriormente descrito. A continuación se resumen los usuarios que ayudan a que existan los SGBD.

  - *Desarrolladores de los SGBD.* Las personas encargadas de desarrollar este *software* son desarrolladores de grandes compañías como Oracle o Microsoft, o son miembros de comunidades de desarrollo como son MariaDB, SQLite o MongoDB. Los SGBD deben comunicarse con el sistema operativo, compiladores y *software* del sistema. Es tarea de estos desarrolladores que el SGBD proporcione las características que permitan llevar una gestión de la información de modo eficiente y seguro.

  - *Desarrolladores de herramientas.* Alrededor del ecosistema de las bases de datos surge la necesidad de otro conjunto de herramientas que permitan realizar tareas secundarias pero útiles a los usuarios de las bases de datos tanto administradores, desarrolladores como usuarios finales. Por ejemplo, surgen herramientas para diseñar esquemas de bases de datos, monitorear el uso de las bases de datos o recursos utilizados, simular y generar pruebas de carga de datos, creación de interfaces gráficas más usables según qué usuarios o herramientas de migración entre diferentes SGBD. Todas estas herramientas son creadas también por desarrolladores, pero en este caso centrados en dar un servicio extra al del SGBD. Muchos SGBD proporcionan estas herramientas *software* como parte externa del SGBD, por lo que suelen cobrar un precio.

— *Personal de mantenimiento.* Son las personas encargadas de que el entorno en el cual se ejecuta el SGBD sea operativo, tanto a nivel físico el *hardware* y las redes como a nivel lógico el sistema operativo. Normalmente este rol lo ocupan profesionales conocidos como administradores de sistemas.

## 2.4. Descripción de los elementos funcionales del SGBD

Un SGBD es un *software* muy complejo que se divide en módulos que se reparten las responsabilidades del sistema. Este modelo es similar al seguido a la hora de desarrollar un sistema operativo en el cual existen diferentes módulos encargados de las tareas tales como el gestor de CPU, memoria y E/S. En un SGBD los componentes funcionales se dividen en dos grandes categorías: 1) Gestor de almacenamiento; 2) Procesador de consultas.

El gestor de almacenamiento es un elemento muy importante en los SGBD, puesto que estos requieren de una gran cantidad de recursos, especialmente espacio en disco y en memoria. Las bases de datos de empresas tienen un tamaño que puede oscilar entre *gigabytes* y *terabytes;* esto sin tener en cuenta bases de datos enormes como son la de Amazon, eBay o X. Las bases de datos de cualquier empresa pueden superar con creces el tamaño de la memoria RAM de cualquier computador y, por tanto, la información debe almacenarse en otro soporte como son los discos rígidos, discos de estado sólido o incluso cintas. Los datos se mueven entre memoria RAM y los sistemas de almacenamiento cuando son necesarios. Esto es similar a la memoria virtual utilizada por los sistemas operativos. El gestor de almacenamiento es el encargado de traducir las órdenes del DML a un sistema de ficheros de bajo nivel. Por lo tanto, el gestor de almacenamiento es el encargado de realizar las conocidas operaciones de CRUD sobre las entidades. El gestor de almacenamiento se puede dividir en los siguientes componentes:

- **Gestor de autorización e integridad**. Este módulo es el encargado de comprobar que se satisfacen las políticas de seguridad de los usuarios para acceder a los datos que se solicitan. Además, este módulo debe garantizar que se satisfacen las restricciones de integridad de los datos.

- **Gestor de transacciones**. Este módulo es el encargado de garantizar que la base de datos se encuentre en un estado consistente, aunque se produzcan errores o averías en el sistema. Además, si las operaciones se ejecutan de modo concurrente, es decir, diferentes usuarios atacando el mismo fichero, se debe garantizar que la base de datos realiza las operaciones de modo satisfactorio y no se vuelve corrupta por el uso simultáneo de las mismas entidades.

- **Gestor de archivos**. Es el módulo encargado de comunicarse con el sistema de ficheros, puesto que es el encargado de reservar el espacio en el sistema de almacenamiento.

- **Gestor de memoria intermedia**. Es el módulo encargado de realizar el intercambio de datos entre datos y memoria. El impacto en el rendimiento del SGBD se ve muy influenciado por este módulo, puesto que trasladar a disco datos que estaban en memoria que no eran necesarios o que iban a ser solicitados en un espacio de tiempo muy breve hace una gran mella en el rendimiento. Este problema es exactamente igual que el existente en la paginación de memoria virtual de los sistemas de ficheros, y gran parte del rendimiento de los SGBD radica en estos algoritmos.

El gestor de almacenamiento trabaja con varias estructuras de datos, algunas de estas ya se han visto en el capítulo anterior:

- **Archivos**. Los archivos lógicos que se crean en el sistema de ficheros. En estos ficheros se almacenan los datos puramente, la organización de los datos en ellos depende del SGBD.

- **Diccionario de datos**. Es la estructura de datos en la que se almacenan los metadatos de la base de datos. Es decir, en su contenido están las descripciones de todos los demás objetos (archivos, programas…) que existen en el sistema, almacena el conjunto numeroso de esquemas y especifica cada archivo y su ubicación, también incluye información acerca de qué programas utilizan ciertos datos y a qué usuarios les interesa un informe u otro. Está integrado dentro de la misma base de datos y puede tolerar descripciones de los modelos conceptual, lógico, interno y externo.

- **Índices**. Es la estructura de datos que permite obtener resultados de consultas rápidas. Los índices se presentaron en profundidad en el Capítulo 1.

El procesador de consultas es el elemento encargado de simplificar el acceso a datos. Esto se consigue proporcionando un alto nivel de los datos, eliminando a los usuarios detalles físicos de en qué fichero se encuentra el registro o, incluso más específicamente, en qué sector, clúster o posición física se encuentra. Es el SGBD encargado de traducir la consulta en una secuencia de operaciones de bajo nivel cuando esta es una operación de escritura. Los elementos que son parte del procesador de consultas son los siguientes:

- **Intérprete del DDL**. El intérprete de DDL es el encargado de interpretar las instrucciones DDL (no es necesario que sean compiladas ni evaluadas) e ir registrando las definiciones en el diccionario de datos.

- **Compilador del DML**. Este módulo es el encargado de traducir las instrucciones de DML a instrucciones de bajo nivel para el motor de consultas. Una consulta en DML puede ser traducida en varios conjuntos de instrucciones de bajo nivel que obtienen el mismo resultado final. El compilador de DML analiza cuál es el mejor conjunto de instrucciones, lo que se conoce como optimizador de consultas.

- **Motor de evaluación de consultas**. Este módulo es el encargado de ejecutar el conjunto de instrucciones que ha generado el compilador de DML.

En la Figura 2.5 se muestra la estructura de los elementos funcionales de un sistema gestor de bases de datos. En esta imagen se muestra a qué niveles pertenece cada uno de los elementos, además de cómo se relacionan entre sí.

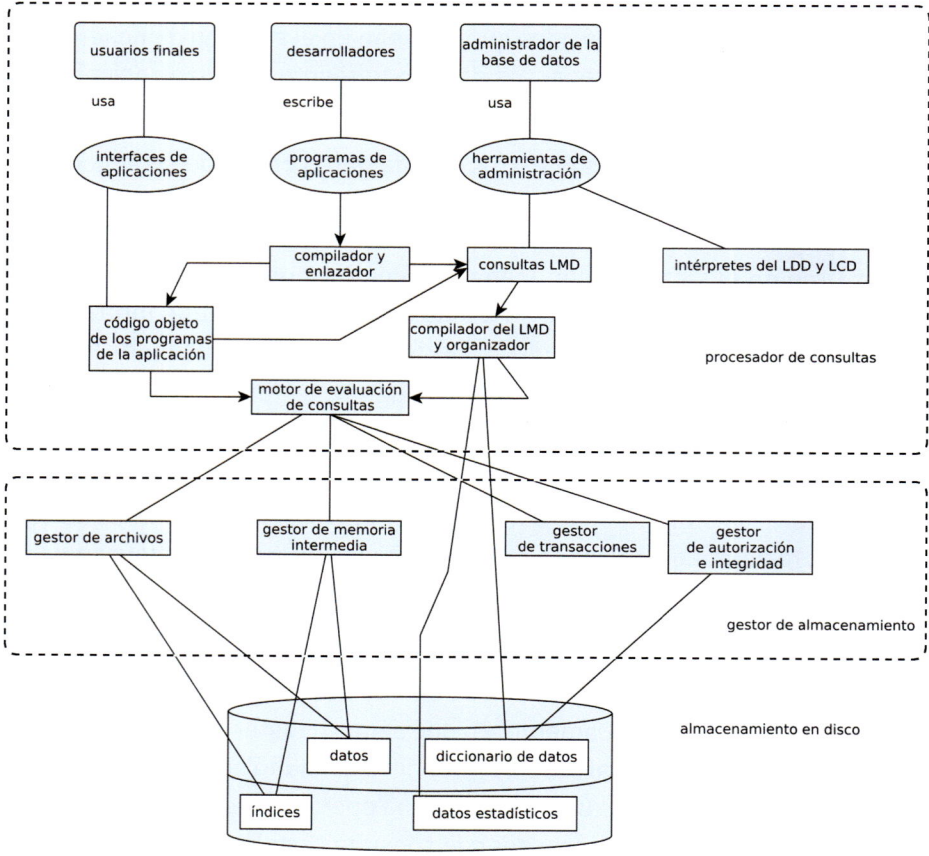

**Figura 2.5.** Estructura de los elementos funcionales de un sistema gestor de bases de datos.

## 2.5. Enumeración de las características y funciones de un SGBD

En esta sección se describirán las características y funciones principales que debe implementar un SGBD para un funcionamiento adecuado.

### 2.5.1. Enumeración de las características de un SGBD

Las características de un SGBD se resumen en el siguiente subconjunto:

1. **Abstracción de la información.** Los SGBD ahorran a los usuarios detalles acerca del almacenamiento físico de los datos. Da lo mismo si una base de datos ocupa uno o cientos de archivos, este hecho se hace transparente al usuario. Así, se definen varios niveles de abstracción. Alrededor de esta característica surge la arquitectura ANSI-SPARC (American National Standards Institute, Standards Planning And Requirements Committee) que data de 1975 y es un estándar de diseño para SGBD en el que la mayoría de SGBD actuales están basados. La arquitectura ANSI/SPARC se denomina como una arquitectura en tres niveles, puesto que separa la vista de los usuarios proporcionando las siguientes características:

   — *Permite vistas personalizadas a los usuarios.* Es decir, cada usuario accede a los datos teniendo una vista personalizada según el rol que ostente.

   — *Elimina detalles físicos de almacenamiento.* Es decir, los usuarios no deben conocer los ficheros en los que se almacenan los datos.

   — *Transparente a los usuarios.* El administrador de la base de datos puede modificar las estructuras de la base de datos, pero las vistas de los usuarios quedarán sin modificar.

   Los tres niveles que componen la arquitectura de ANSI/SPARC se muestran en la Figura 2.6 y son descritos a continuación.

   • **Nivel externo (vistas de usuario).** Las vistas de usuario muestran una parte de la base de datos que es relevante para un usuario particular. Esta vista se personaliza para un usuario o roles de usuarios y es totalmente transparente a las capas de diseño y soportes físicos. El usuario solamente puede acceder a los datos que está autorizado y la vista se personaliza a sus necesidades (ocultando o mostrando combinación de datos) que son de interés para este.

- **Nivel conceptual**. En este nivel se describen las estructuras de datos (DDL), pero no se especifica cómo se almacenan físicamente. Es decir, se encuentra en una capa superior al nivel físico.

- **Nivel interno**. El nivel interno es la forma en la que la base de datos se almacena físicamente. Aquí sí se describe cómo se almacenan físicamente los datos o cómo se estructuran otros elementos como índices o el diccionario de datos.

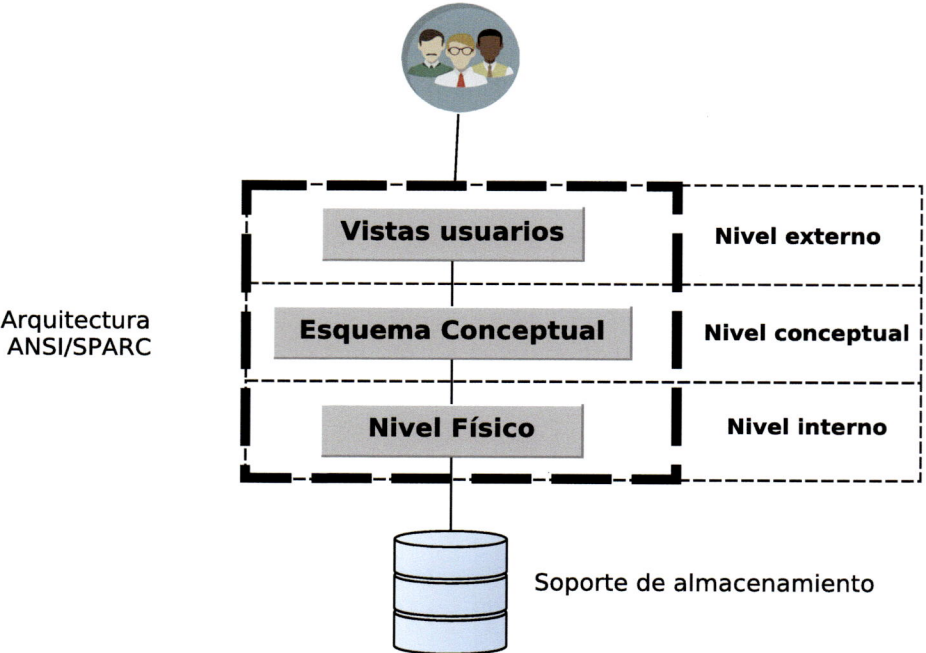

**Figura 2.6.** Arquitectura ANSI/SPARC.

2. **Independencia**. La independencia de los datos consiste en la capacidad de modificar el esquema (físico o lógico) de una base de datos sin tener que realizar cambios en las aplicaciones que se sirven de ella.

3. **Consistencia**. En aquellos casos en los que no se ha logrado esta redundancia nula, será necesario vigilar que aquella información que aparece repetida se actualice de forma coherente, es decir, que todos los datos repetidos se actualicen de forma simultánea.

4. **Seguridad**. La información almacenada en una base de datos tiene un gran valor y es el elemento principal de la razón del uso. Los SGBD deben garantizar que esta información se encuentra asegurada frente a usuarios malintencionados que intenten leer información privilegiada; frente a

ataques que deseen manipular o destruir la información; o simplemente ante el error de algún usuario autorizado. Normalmente, los SGBD disponen de un complejo sistema de permisos a usuarios y grupos de usuarios que permiten otorgar diversas categorías de permisos.

5. **Integridad**. Se trata de adoptar las medidas necesarias para garantizar la validez de los datos almacenados. Es decir, se trata de proteger los datos ante fallos de *hardware*, datos erróneamente introducidos por usuarios, o cualquier otra circunstancia capaz de corromper la información almacenada.

6. **Respaldo y recuperación**. Los SGBD deben proporcionar una forma eficiente de realizar copias de respaldo de la información almacenada en ellos, y de restaurar a partir de estas copias los datos que se hayan podido perder. No solamente se deben tener en cuenta las copias de seguridad, sino que se debe disponer de un conjunto de funciones que permitan la recuperación en caso de fallos de *hardware* o *software*.

7. **Control de la concurrencia**. En la mayoría de entornos, excepto quizás el doméstico, lo más habitual es que sean muchas las personas que acceden a una base de datos, bien para recuperar información, o bien para almacenarla. Y es también frecuente que dichos accesos se realicen de forma simultánea. Así pues, un SGBD debe controlar este acceso concurrente a la información que podría derivar en inconsistencias.

## 2.5.2. Funciones de un SGBD

Los usuarios desean realizar una serie de operaciones sobre la base de datos que deben llevarse a cabo de un modo eficiente y seguro. Para conseguir que los usuarios puedan realizar este conjunto de operaciones, el SGBD proporciona una serie de funciones que se describen a continuación:

1. **Definición de los datos**. El SGBD permite definir todos los objetos de la base de datos, normalmente utilizando DDL.

2. **Manipulación de los datos**. El SGBD responde a operaciones sobre los datos que se almacenan: insertar, modificar, consultar y eliminar registros o campos de os registros. Estas operaciones se llevan a cabo utilizando DML.

3. **Mantenimiento de permisos y roles**. El SGBD debe permitir modificar los permisos y roles que acceden a los datos que hay almacenados en la base de datos. Estas operaciones se realizan utilizando DCL.

4. **Gestión de transacciones**. Los SGBD son los encargados de garantizar una correcta gestión de las transacciones. Normalmente una transacción es un conjunto de operaciones cortas que acceden y modifican una parte de la base de datos. El SGBD debe controlar múltiples transacciones ejecutadas en paralelo sobre una misma base de datos. El SGBD debe garantizar que los datos no se volverán corruptos por estar varias transacciones operando simultáneamente o que una operación quede a mitad de completarse debido a un fallo en el sistema (*hardware* o *software*).

## 2.6. Análisis de ventajas e inconvenientes de almacenar la información en ficheros a hacerlo en un SGBD

Tener información en un ordenador obligaba a hacerlo mediante un sistema de procesamiento de archivos tradicional que permitía almacenar los ficheros estructurados y organizados en el soporte de almacenamiento, y poder realizar operaciones sobre ellos. Este sistema de ficheros es dependiente del sistema operativo en el que está instalado. Antes de la llegada de los SGBD, las organizaciones normalmente almacenaban la información usando estos sistemas de ficheros, pero mantener la información en estos sistemas de ficheros tiene una serie de inconvenientes importantes, los cuales han sido solucionados en su mayoría por los SGBD. No obstante, a continuación se describen los principales inconvenientes del uso de ficheros para almacenar la información:

- **Redundancia e inconsistencia de datos**. Existen datos que pueden repetirse en diferentes ficheros, lo que provoca que el almacenamiento y el coste (en recursos del sistema) de acceso sean más altos debido a la duplicidad de información. Por otro lado, la inconsistencia de datos surge de la existencia de varias copias de los mismos datos en diferentes ficheros, los cuales no están actualizados cuando se produce un cambio en alguno de ellos.

- **Dificultad en el acceso a los datos**. Cuando se requieren datos contenidos en diferentes archivos, la obtención, consulta y modificación de los datos no puede hacerse directamente de forma práctica y eficiente. Tendrían que desarrollarse sistemas de recuperación de datos para realizar esa operación específica, o desarrollar un sistema de recuperación de datos para uso general y ajustarlo de acuerdo a las necesidades.

- **Aislamiento de datos**. Debido a que los datos están dispersos en varios archivos, y los archivos pueden estar en diferentes formatos, es difícil escribir nuevos programas de aplicación para recuperar los datos apropiados.

- **Problemas de integridad**. Los valores de los datos almacenados en la base de datos deben cumplir unas restricciones mínimas de consistencia. Los desarrolladores se encargan de que estas restricciones se cumplan en el sistema añadiendo el código apropiado en las aplicaciones pertinentes. Sin embargo, cuando se añaden estas restricciones, se dificultan las labores de actualización de los programas para hacer que se cumplan. Esto se complica cuando las restricciones implican diferentes elementos de datos de distintos ficheros.

- **Problemas de atomicidad**. En muchas aplicaciones es crucial asegurar que, cuando ocurra un fallo y se detecte, se restauren los datos a un estado de consistencia anterior al fallo. En un sistema de archivos tradicional se complica esta tarea. No obstante, se han añadido características para solventar este problem como el *journaling* que consiste en llevar un registro, en el cual se escriben las acciones antes de escribirlas en el soporte de almacenamiento. De este modo, se tiene una copia de seguridad de los datos antes de que estos sean volcados en el soporte de almacenamiento.

- **Anomalías en el acceso concurrente**. Un entorno de trabajo en el cual múltiples usuarios actualicen los datos de un mismo fichero simultáneamente puede dar lugar a datos inconsistentes o un estado incorrecto si no se controla el acceso a estos.

No solamente existen inconvenientes en el uso de ficheros frente a bases de datos, también existen inconvenientes en las bases de datos que hacen que sea una solución óptima la utilización de ficheros sobre bases de datos. A continuación se describen los inconvenientes de utilizar SGBD frente a ficheros lógicos:

- **Instalación costosa**. La implantación de un SGBD comparado con un sistema de ficheros tiene un coste elevado. Algunas de las variables que aumentan el coste de un SGBD es la infraestructura tecnológica tales como nuevos equipos, sistemas operativos, *software* específico y, posteriormente, el mantenimiento del mismo tanto a nivel *hardware* como *software*.

- **Personal cualificado**. Es necesario que la gestión del SGBD se lleve a cabo por personal cualificado para dicho SGBD. Esto implica un incremento en el coste de mantenimiento, además de estar limitado a que solamente este personal cualificado sea el encargado de manipular la información.

- **Implantación larga y complicada**. La implantación de un SGBD puede conllevar un largo tiempo y que sea complicada según las dimensiones de la empresa que migre su sistema de información.

- **Poca rentabilidad a corto plazo**. La implantación de un SGBD tiene un fuerte impacto económico en cualquier empresa y toma un tiempo hasta que el SGBD sea funcional en la estructura organizativa de la empresa. Por lo tanto, la rentabilidad a corto plazo de un SGBD frente a un sistema de ficheros es bastante bajo y es necesario un colchón económico para comenzar a funcionar con este nuevo modelo.

La decisión de implantar un SGBD frente a un sistema de ficheros, como siempre en informática, depende de varios factores. En este caso, depende de la cantidad de información que se vaya a manipular. No obstante, hoy en día es rara la empresa que no necesite un SGBD, aunque sea de ámbito doméstico, puesto que la organización de la información y la facilidad de búsqueda que ofrece un SGBD deben ser construidas y mantenidas manualmente por los usuarios, conllevando un coste de trabajo bastante elevado. Por lo tanto, si se comienza desde cero a trabajar con SGBD, no existen los inconvenientes de una implantación e instalación costosa, sumado a que si se utiliza un SGBD acorde con el personal (doméstico o profesional) el coste de personal cualificado también puede subsanarse. En este caso, solamente existen las ventajas de utilizar un SGBD frente a un fichero.

## 2.7. Clasificación de los SGBD en función del modelo de datos

Existen diferentes modelos de datos de los SGBD, los cuales solucionan problemas diferentes. Hoy en día surgen nuevos modelos de datos según los casos de uso que se quieran resolver y existe una tendencia en la que cohabitan diferentes SGBD en los mismos proyectos o empresas. A continuación se describen algunos de los modelos de datos más representativos en la actualidad.

### 2.7.1. Relacional

Las bases de datos que trabajan con el modelo relacional nacen a finales de los años sesenta por parte de Edgar Frank Codd y han tomado la posición estrella en los SGBD y en el uso de la mayoría de las aplicaciones, puesto que son una solución ideal para aplicaciones de gestión de datos con operaciones clásicas (CRUD). Las bases de datos relacionales surgen para cubrir una serie de objetivos que se describen a continuación, los cuales influenciaron en gran medida la arquitectura de tres niveles de ANSI/SPARC:

- **Independencia física**. El cómo y dónde se almacena la información no deben influir en la manipulación lógica.

- **Independencia lógica**. Las herramientas *software* que hacen uso de la base de datos a través del SGBD no deben verse afectadas cuando se apliquen modificaciones en la base de datos (tablas o permisos de roles de usuarios). No obstante, puede suceder que la herramienta *software* requiera de la existencia de una tabla para funcionar adecuadamente, el *software* debe desarrollarse para tener en cuenta que esta tabla puede ser modificada. Pero no habrá que modificar el código de la aplicación *software*.

- **Flexibilidad**. La base de datos permite configurar diferentes vistas personalizadas en función de los usuarios y aplicaciones, ya que no todos los usuarios tienen por qué acceder a todas las posibilidades que ofrece el sistema, como por ejemplo, permisos u ofrecer simpleza a los usuarios.

- **Uniformidad**. En el modelo relacional, la estructura de datos que se utiliza es siempre el mismo concepto, las relaciones o tablas donde se almacenan los datos.

Las bases de datos relacionales utilizan como estructura de datos lógica el concepto de tablas. Las tablas se representan gráficamente como una estructura rectangular formada por filas y columnas. Cada fila posee una ocurrencia o ejemplar de la instancia o relación representada por la tabla (a las filas se las llama también tuplas). Es decir, cada fila se corresponde con un registro de la base de datos. Por ejemplo, si se almacena la información de las fichas de los usuarios, cada una de las filas se corresponde con un registro que se quiere almacenar. Por otro lado, cada columna almacena información de un campo del registro, esto se conoce también como atributo. Los atributos que representan a una ficha de usuario son DNI, nombre, apellidos, edad, etc. En la Tabla 2.1 se muestra la representación teórica de una entidad genérica, mientras que en la Tabla 2.2 se muestra la representación de la entidad usuarios (en la que se almacena la ficha de usuarios). La terminología que se utiliza en las bases de datos relacionales para algunos de sus conceptos más relevantes son los siguientes:

- **Tupla**. Cada fila de la tabla, es cada uno de los registros de la base de datos.

- **Atributo**. Cada columna de la tabla es cada uno de los campos de los que se compone el registro.

- **Grado**. Número de atributos de la tabla.

- **Cardinalidad**. Número de tuplas de una tabla.

- **Dominio**. Son los valores válidos para cada uno de los atributos. El administrador de bases de datos especifica el dominio de cada uno de los valores.

Algunos ejemplos de aplicación de dominios para algunos campos son los siguientes:

- *Nombre*: 255 caracteres.

- *DNI:* 8 caracteres numéricos y una letra.

- *Nacionalidad:* español, francés, italiano…

**Tabla 2.1**. Representación genérica de una entidad en las bases de datos relacionales

| atributo 1 | atributo 2 | atributo 3 | ….. | atributo n | |
|---|---|---|---|---|---|
| valor 1,1 | valor 1,2 | valor 1,3 | ….. | valor1,n | ←Tupla 1 |
| valor 2,1 | valor 2,2 | valor 2,3 | ….. | valor2,n | ←Tupla 2 |
| ….. | ….. | ….. | ….. | ….. | ….. |
| valor m,1 | valor m,2 | valor m,3 | ….. | valor m,n | ←Tupla m |

**Tabla 2.2**. Representación de la entidad usuarios

| DNI | Nombre | Apellidos | Edad |
|---|---|---|---|
| 12345678A | Francisco | García | 42 |
| 12345679B | Sergio | Rodríguez | 23 |
| 12345680C | Manuel | Alza | 26 |
| 12345681D | Gonzalo | Martínez | 52 |

El modelo relacional se basa en establecer relaciones entre las tablas (entidades) utilizando uno o varios campos que se conocen como campos clave. En este modelo de datos todas las tablas tienen un campo, o más, que identifica de forma unívoca a cada tupla. Estos campos clave también se conocen como claves primarias. Estas se incluyen en otras tablas para poder relacionar las tablas entre sí; en las tablas que se incorpora una clave primaria de otra tabla es conocida como clave foránea. En la Tabla 2.3 y la Tabla 2.4 se muestra un ejemplo en el cual se establece una relación entre dos tablas. En la Tabla 2.3 se muestra una lista de libros en los que el campo clave (clave primaria) de esta es el ISBN. Observe que en el campo categoría del libro aparece un número que indica la relación con la Tabla 2.4 a través de la clave primaria. La Tabla 2.4 almacena la información de las categorías de los libros, donde el identificador es un campo numérico único que no se repite. Por lo tanto, se establece la relación de modo que en la Tabla 2.3, en lugar de escribir la categoría de cada libro, se especifica el campo clave de la Tabla 2.4 para localizar cuál es la categoría del libro.

**Tabla 2.3.** Tabla con información de libros en la cual el campo clave es ISBN y la clave foránea de la tabla de categorías de libros es ID_CATEGORIA

| ISBN | Nombre | Autor | Fecha | ID_CATEGORIA |
|------|--------|-------|-------|--------------|
| 9788469603536 | Más divertidas aventuras de las letras | Pilar López Ávila | 2015 | 1 |
| 9788499082479 | El nombre del viento | Patrick Rothfuss | 2011 | 2 |
| 9786077356363 | La torre y el jardín | Alberto Chimal | 2016 | 3 |
| 9788499899619 | El temor de un hombre sabio | Patrick Rothfuss | 2013 | 2 |
| 9780765388285 | Everything belongs to the future | Laurie Penny | 2016 | 3 |
| 9788445003732 | Helsreach | Aaron Dembski-Bowden | 2016 | 3 |

**Tabla 2.4.** Tabla con información de las categorías de los libros. La tabla está compuesta por el identificador de la categoría de libros y el nombre de la categoría

| ID_CATEGORIA | Categoría |
|--------------|-----------|
| 1 | Infantil |
| 2 | Acción y aventuras |
| 3 | Fantasía, terror y ciencia ficción |
| 4 | Historia |

## 2.7.2. Orientado a objetos

Los modelos de datos tradicionales, tales como los relacionales (vistos en la sección anterior) o como los de red y jerárquicos (se verán a continuación), han sido ampliamente utilizados a lo largo de la historia. No obstante, estos modelos se encuentran con el inconveniente de que no se adaptan bien cuando se tienen que modelar bases de datos con datos complejos. Las bases de datos tradicionales se centran en realizar tareas de procesamiento de datos, como es la gestión de nóminas y banca. En estas bases de datos los tipos de datos son simples y permiten construir registros de mayor tamaño, pero las estructuras de datos no dejan de ser simples. Este tipo de bases de datos no pueden ofrecer soluciones para aplicaciones en las que se requiera manipular datos multimedia, sistemas de información geográfica o experimentos científicos. Por lo tanto, para resolver los problemas que aparecen se requieren estructuras de datos más complejas para la gestión de la información, surgiendo el concepto de los objetos. En el modelo orientado a objetos se enriquece el modelo de datos, ya que no solamente se almacenan los datos (el estado), sino que también se define el comportamiento de la entidad.

Otra ventaja de utilizar bases de datos orientadas a objetos (BDOO) es su buena relación con los lenguajes orientados a objetos, puesto que ambos componentes están en el mismo paradigma de programación. Este hecho reduce que se tenga que realizar una migración entre el concepto de tupla y el de objeto, como se hace en muchos lenguajes de programación. Esto se conoce como mapeo objeto-relacional (*object-relational mapping*, ORM).

Los objetos se comunican con el resto de elementos (otros objetos) haciendo uso del concepto de paso de mensajes, que es la ejecución de métodos entre objetos. Por lo tanto, un objeto está asociado con los siguientes elementos:

- Los atributos de un objeto son un conjunto de variables que representan a los campos de una tupla.

- Un conjunto de mensajes a los que responde el objeto (esta es la interfaz de comunicación entre los objetos).

- Un conjunto de métodos, en el que cada uno de los cuales es el código que implementa un mensaje. Los métodos devuelven el valor de respuesta del mensaje.

Para comprender los tres elementos mencionados anteriormente, se presenta el Ejemplo 2.1. Se dispone de objetos de la entidad *Cliente,* los cuales tienen un método para obtener un descuento según el número de compras o la fidelidad del mismo. Existen clientes que son especiales, que se podrían denominar como VIP, y cuyo descuento es mayor incluso que el de los clientes normales, pero ambos tipos de clientes se comunicarán con el sistema a través de la misma interfaz (paso de mensajes), que sería un método denominado *calcularDescuento.* La implementación del código de cada uno de este conjunto de mensajes se corresponde con los métodos del sistema. Los métodos que existen en un objeto se clasifican por el efecto que tienen sobre los datos internos, como de lectura o de actualización. De modo riguroso, cada atributo de una entidad debe disponer, como mínimo, de dos métodos: 1) Uno para leer los datos;

2) Uno para modificar los datos. De este modo, para el atributo *Nombre* surgen los conocidos métodos *getters/setters:*

- **getNombre**. Devuelve el valor del atributo *Nombre*.

- **setNombre(nuevoNombre)**. Modifica el valor del atributo *Nombre* por el valor pasado por parámetro *nuevoNombre*.

No obstante, muchos lenguajes y SGBD permiten acceder directamente al atributo sin necesidad de recurrir a los dos métodos anteriores.

El concepto de **clase** en la programación orientada a objetos surge para agrupar las características comunes de un conjunto de objetos. Es decir, las clases constituyen el molde en el que se basan o instancian los objetos particulares. De este modo, cuando anteriormente se hablaba de un objeto del tipo *Cliente*, en realidad se está haciendo referencia a objetos de la clase *Cliente*. Cada uno de los clientes particulares constituye un objeto. Por lo tanto, todos los objetos de una clase comparten la definición común, aunque posteriormente tengan diferentes valores. Es decir, todos los clientes tendrán el mismo conjunto de atributos y los mismos métodos. A continuación, se muestra en pseudocódigo la definición de la clase *Cliente,* en la cual se muestra un primer bloque con los atributos y posteriormente el conjunto de mensajes con los que se comunican todos los objetos de dicha clase. Es importante resaltar que los métodos que modifican el valor de las variables (*setNombre, setDireccion*) devuelven un valor del tipo *int* que se utiliza para conocer si la operación se llevó a cabo correctamente o hubo un error. Por otro lado, puede observar que existe un método denominado *antigüedad,* que no está relacionado directamente con un atributo, sino que se calcula a partir de la fecha actual del sistema con la *fechaAlta* del objeto.

```
class Cliente {
/* Variables */
string nombre;
string dirección;
date fechaAlta;
int puntosFidelidad;
/* Mensajes */
float calcularDescuento ();
string getNombre ();
string getDireccion ();
int setDireccion (string nuevaDireccion);
int antigüedad();
};
```

Ejemplo 2.1. Pseudocódigo de utilización de clases en el modelo orientado a objetos.

Del mismo modo que en las bases de datos relacionales es necesario el uso de una gran cantidad de tablas, en el modelo orientado a objetos surge la necesidad de utilizar una gran cantidad de clases que modelan el problema. Lo que puede suceder es que las clases sean muy parecidas entre sí, y realmente sean especializaciones unas de otras. Por ejemplo, suponga que se quiere modelar a dos tipos de usuarios clientes diferentes: *Cliente* y *ClienteVIP*. Todos los objetos de ambas clases tendrán atributos y métodos en común que deben ser reescritos en ambas clases, provocando que, con el paso del tiempo, puedan surgir problemas en la integridad del sistema. Para resolver esta circunstancia, surge uno de los conceptos fundamentales de la orientación a objetos, la herencia.

La **herencia** entre clases permite establecer relaciones entre clases denominadas de padre e hijos. En estas relaciones, las clases hijas heredan todas las características de las clases padre (puede existir herencia múltiple), y será en las clases hijas en las que se extienda el modelo de datos o se restrinjan algunas características.

En la Figura 2.7 se muestra un esquema de herencia básico que se puede establecer entre varias clases. Este esquema se describe a continuación en pseudocódigo para que pueda visualizarse el potencial que tiene este modelo de datos para la definición de bases de datos. Observe cómo los atributos y métodos que se definen en las clases padres no se vuelve a definir en las clases hijas, puesto que no es necesario, por tanto, las clases hijas poseen las mismas características que las clases padres. Otro punto interesante es observar que se pueden sobreescribir métodos; por ejemplo, los objetos de la clase *Cliente* disponen de un método que permite calcular su descuento (*calcularDescuento*), el cual se basa en la compra que hagan, pero los objetos pertenecientes a la clase *ClienteVIP* también disponen de este método, el cual reescribe el comportamiento del método *(calcularDescuento)* teniendo en cuenta los puntos de fidelidad. Esto permite que tanto los objetos *cliente* como *clienteVIP* dispongan de la misma interfaz de comunicación (*calcularDescuento*). Pero este método tiene un comportamiento diferente según qué objeto esté recibiendo el mensaje.

```
class Persona {
/* Variables */
 string nombre;
 string dirección;
/* Mensajes */
 string getNombre ();
 string getDireccion ();
 int setDireccion (string nuevaDireccion);
};
```

```
class Cliente extends Persona{
/* Variables */
date fechaAlta;
/* Mensajes */
float calcularDescuento ( );
date antigüedad( );
};
class ClienteVIP extends Cliente {
/* Variables */
date fechaNacimiento;
/* Mensajes */
float calcularDescuento ( );
};
class Trabajador extends Persona{
/* Variables */
/* Mensajes */
}
class Administrativo extends Trabajador{
/* Variables */
/* Mensajes */
}
class Administrador extends Trabajador{
/* Variables */
/* Mensajes */
}
class Desarrollador extends Trabajador{
/* Variables */
/* Mensajes */
}
```

Ejemplo 2.2. Pseudocódigo de utilización de herencia en el modelo orientado a objetos.

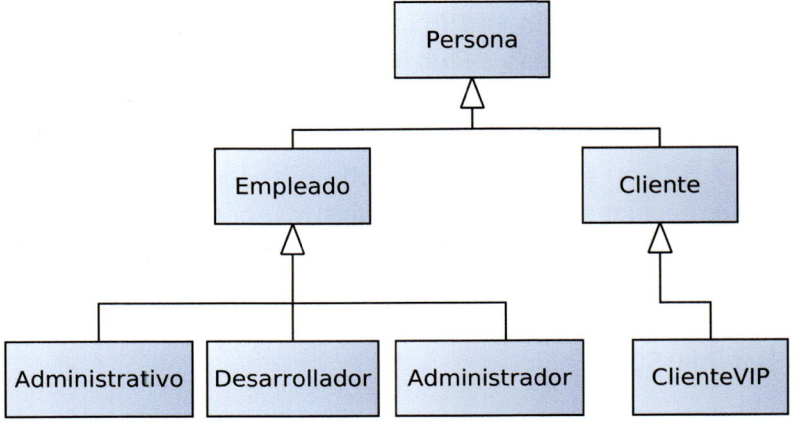

Figura 2.7. Bases de datos orientadas a objetos. Ejemplo de herencia entre clases.

### 2.7.3. Jerárquico

El modelo jerárquico se disgrega en dos tipos de estructuras: lineales y arborescentes. Donde en la primera, cada registro padre solo puede tener una clase de registro hijo. La segunda, un tipo de registro padre puede tener varias clases de registros hijos. El único producto que ha llegado hasta nuestros días de este tipo es el IMS de IBM.

Este modelo está pensado para las clásicas relaciones del modelo relacional de uno a varios (1:N), pero con la diferencia de que las relaciones son unidireccionales. Es decir, para hacer una consulta, esta parte desde un nodo hijo hacia su nodo padre. Por ejemplo, el registro de un alumno puede relacionarse con su registro padre, que será el curso al que pertenece, pero no al contrario. Para que esto sea posible, habrá que realizar una búsqueda secuencial por todos los registros y de ahí obtener los resultados concluyentes. En estas bases de datos no existen índices para facilitar esta tarea. El problema incipiente en este tipo de estructura es la incapacidad que tiene para representar la redundancia de datos, como tampoco garantiza la inexistencia de registros duplicados. Es decir, no se garantiza que dos registros tengan diferentes valores en un subconjunto delimitado de campos.

Este modelo de bases de datos está en desuso hoy en día y se utilizan las bases de datos relacionales o las Not Only SQL que se muestran en las siguientes secciones.

### 2.7.4. En red o CODASYL DBTG

Este modelo nace para satisfacer lo que el anterior modelo no podía resolver, permitir un modelado más fiable de las relaciones entre los datos, CODASYL toma el nombre de donde se propusieron sus especificaciones COnference on DAta SYstem and Languages en 1969, donde también se crea un grupo específico para el estudio de estas el *Data Base Task Group* (DBTG). En este modelo se introdujo el concepto de punteros, así que era posible llegar a un mismo registro desde diferentes puntos. Otra característica es que un nodo hijo podía tener varios padres. Este modelo es el predecesor del modelo relacional, pero fue superado por este, ya que ofrecía un nivel más cercano al mundo real. Los avances del *hardware*, la productividad y la gran flexibilidad del modelo relacional condujeron a este modelo de datos al desuso gradual en el uso empresarial.

### 2.7.5. Not Only SQL

Sería un error en el momento en el que nos encontramos no hablar de las bases de datos NoSQL. Estas son una amplia gama de SGBD que difieren del modelo clásico de gestión de bases de datos relacionales en aspectos importantes. El aspecto más destacado es que no usan SQL como el principal lenguaje de consultas, para subrayar este hecho se denominan a veces "no solo SQL", ya que también pueden soportar lenguajes de consulta de tipo SQL.

Los datos almacenados no requieren estructuras fijas como tablas, normalmente no soportan operaciones de unión (*JOIN*), ni garantizan completamente las propiedades ACID [Atomicidad, Consistencia, Aislamiento y Durabilidad], y el escalado horizontal es más sencillo. Es decir, levantar un nuevo nodo y emparejarlo al anterior para que trabajen conjuntamente es considerablemente más sencillo en este tipo de bases de datos que en las relacionales u orientadas a objetos. El hecho de tener un grupo de máquinas con SGBD trabajando conjuntamente se conoce como *clúster* de bases de datos, término de origen inglés *(cluster)*.

El número de SGBD que se clasifican en el grupo NoSQL es muy superior al descrito en el grupo de objeto-relacionales, puesto que las bases de datos NoSQL superan los 225 en el momento de escritura de este libro. La variedad de SGBD clasificados como NoSQL se debe a la presencia de diferentes paradigmas de organización de la información dentro de este grupo, los cuales difieren significativamente entre sí. Esta diversidad puede generar confusiones considerables al trabajar con un SGBD en particular, ya que el uso de diferentes sistemas puede requerir de un aprendizaje previo.

Aunque hay varias aproximaciones diferentes para clasificar las bases de datos en general, en este libro se ha tomado el teorema de Brewer sobre el cómputo distribuido como punto de partida para realizar una clasificación. Un sistema distribuido se define como un grupo de computadores conectados entre sí mediante una red. Este concepto es importante porque la mayoría de los SGBD NoSQL tienen como objetivo apoyar a otros SGBD, con los que trabajan conjuntamente en brindar un servicio a los usuarios.

El teorema de Brewer se enuncia tal que así:

*Es imposible para un sistema de cómputo distribuido garantizar simultáneamente no más de dos de estas tres características:*

- *Consistencia (Consistency). Es decir, que todos los nodos disponen de la misma información al mismo tiempo, aun siendo accedida y modificada la misma información desde dos nodos distintos.*

- *Disponibilidad (Availability). Es la propiedad que cubre la garantía de que cada petición a un nodo reciba una confirmación de si ha sido, o no, resuelta satisfactoriamente.*

- *Tolerancia al particionado (Partition Tolerance). Es la propiedad por la cual el sistema sigue funcionando a pesar de que haya sido partido por un fallo de red.*

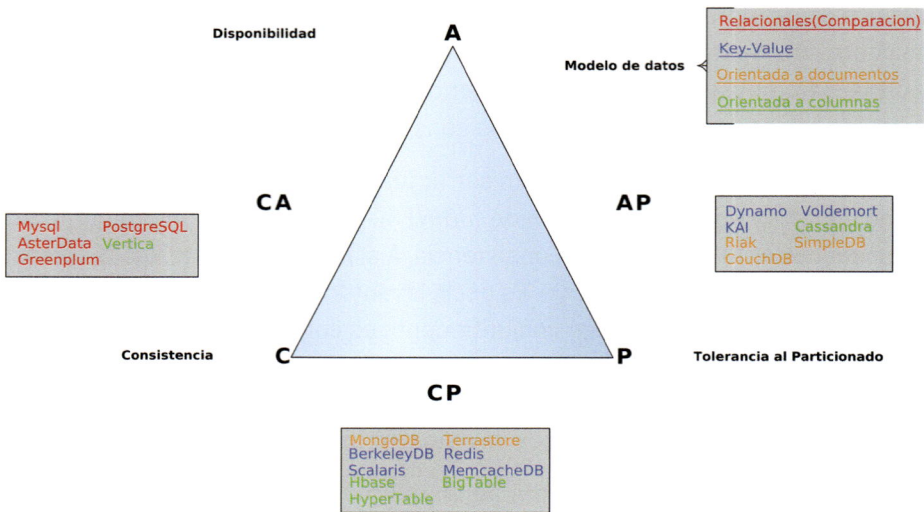

**Figura 2.8.** Clasificación de diferentes tipos de bases de datos NoSQL de algunas de las bases de datos más extendidas.

Las posibles combinaciones reflejan lo siguiente:

- **AP**: garantizan disponibilidad y tolerancia a particiones, pero no la consistencia, al menos de forma total. Algunas de ellas consiguen una consistencia parcial a través de la replicación y la verificación.

- **CP**: garantizan consistencia y tolerancia a particiones. Para lograr la consistencia y replicar los datos a través de los nodos, sacrifican la disponibilidad.

- **CA**: garantizan consistencia y disponibilidad, pero tienen problemas con la tolerancia a particiones. Este problema lo suelen gestionar replicando los datos.

La muestra es la clasificación de los distintos tipos de bases de datos NoSQL más populares según las combinaciones posibles del teorema de Brewer. A esta clasificación se han añadido bases de datos relacionales para que sean más notables las diferencias entre un modelo de datos y otro, así como las características que garantizan cada uno de ellas.

A grandes rasgos se considera que existen cuatro tipos diferentes: orientadas a documentos, orientadas a columnas, de clave-valor y en grafo.

- **Orientadas a documentos.** Son aquellas que gestionan datos semiestructurados. Estos datos se almacenan en algún formato estándar, como puede ser XML, JSON o BSON. Son las bases de datos NoSQL más versátiles. Se pueden usar en gran cantidad de proyectos, incluyendo muchos que pueden diseñarse sobre bases de datos relacionales. Dos SGBD de esta categoría que han tomado una gran repercusión hoy en día son MongoDB y a

Apache CouchDB. Un ejemplo de definición de un objeto utilizando este tipo de SGBD utilizando el formato JSON es el que se muestra a continuación:

```
{
Nombre: " Tipos de bases de datos NoSQL ",
Tipo: "Articulo",
Categorias: [{
                Titulo: "Orientada a Documentos",
                Letras: 29
                },
                {
                Titulo: "Orientada a Columnas",
                Lineas: 50
                }]
}
```

Ejemplo 2.3. Elemento definido utilizando el formato JSON.

- **Orientadas a columnas**. Las bases de datos orientadas a columnas, como su propio nombre indica, están organizadas por columnas en lugar de tuplas, es decir, todos los casos de un solo elemento de datos (por ejemplo, *Nombre de Persona*) se almacenan de modo que se puede acceder como una unidad. Esta característica hace que estos SGBD sean especialmente eficaces en las consultas analíticas, como la lista de selecciones, que a menudo lee unos pocos elementos de datos, pero es necesario ver todas las instancias de estos elementos. En contraste, en una base de datos relacional convencional los datos se almacenan por tuplas, por lo que toda la información de un registro es inmediatamente accesible. El principal exponente de esta categoría es el SGBD Cassandra. A continuación, se muestra un ejemplo de una sentencia de creación de las columnas utilizando una base de datos orientada a columnas:

```
CREATE COLUM FAMILY usuarios
WITH comparator = UTF8Type
AND key_validation_class= UTF8Type
AND colum_metadata = [
{colum_name: Nombre, validation_class: UTF8Type}
{colum_name: Email, validation_class: UTF8Type}
{colum_name: EstadoCiv, validation_class: UTF8Type}
{colum_name: Sexo, validation_class: UTF8Type}
{colum_name: FechaNac, validation_class: UTF8Type}

];
```

Ejemplo 2.4. Creación de una entidad usuarios en una base de datos orientada a columnas.

- **Orientada a clave/valor**

  Estas son las más sencillas de entender. Simplemente guardan tuplas que contienen una clave y su valor en el caso más sencillo y común, también se podrían almacenar para una clave un conjunto de valores. Cuando se quiere recuperar un dato, simplemente se busca por su clave y se recupera el valor. Los grandes representantes de este modelo son los SGBD Amazon DynamoDB y Redis. Un ejemplo de las sentencias básicas utilizando este modelo de bases de datos es el que se muestra a continuación.

```
> set 77228579V RaulMontoyaCordero
OK
> get 77228579V
"RaulMontoyaCordero"
>del 77228579V
(integer) 1
> get 77228579V
(nil)
```

Ejemplo 2.5. Utilización de una base de datos orientada a clave/valor.

- **Grafos**. Las bases de datos orientadas a grafos representan la información como nodos de un grafo y las relaciones entre estas con las aristas del nodo. De este modo, se puede aplicar la teoría de grafos para recorrer la base de datos. Para poder definir una base de datos orientada a grafos, esta debe estar completamente normalizada, es decir, cada tabla solo dispondrá de una sola columna y cada relación solo dispondrá de dos datos. De este modo, las modificaciones tienen un ámbito local y no afectan al resto de los nodos. Las bases de datos orientadas a grafos son bastante antiguas, pero nunca han tenido gran repercusión, puesto que su ámbito es bastante reducido. Estas bases de datos son ideales en modelos con muchas relaciones, como la representación de redes de computadores y conexiones entre personas en redes sociales. Los principales SGBD de este grupo son Neo4j e Infinite Graph.

## ACTIVIDADES

**2.1.** ¿Cómo definirías el concepto de bases de datos?

**2.2.** ¿Qué propiedades se deben exigir a un conjunto de datos para ser considerados como una base de datos?

**2.3.** Describe al menos tres situaciones en tu vida cotidiana en la que te comuniques con bases de datos.

**2.4.** ¿Qué es un sistema gestor de bases de datos (SGBD)?

**2.5.** ¿Qué tres lenguajes existen para manipular una base de datos?

**2.6.** Según las definiciones de los lenguajes que permiten manipular una base de datos, clasifica las siguientes operaciones en cada uno de estos lenguajes:
A) Crear un usuario en la base de datos.
B) Crear una tabla (estructura) en la base de datos.
C) Insertar datos en la base de datos.
D) Borrar datos en la base de datos.
E) Autorizar un usuario a utilizar una base de datos.
F) Realizar una consulta en una base de datos.

**2.7.** ¿Qué diferencia existe respecto a una base de datos de propósito específico y una de propósito general?

**2.8.** ¿Qué es el modelo de datos en un SGBD? ¿Cuáles son los principales modelos de datos?

**2.9.** Clasifica según el propósito, licencia y modelo de datos los siguientes SGBD:
A) Microsoft Access.
B) PostgreSQL.
C) Redis.
D) MySQL/MariaDB.
E) Oracle Database.
F) MongoDB.

**2.10.** ¿Qué característica diferente tienen los SGBD SQLite y Apache Derby frente a las otras descritas en el capítulo?

**2.11.** ¿Cuáles son los roles de usuarios más importantes en un SGBD?

**2.12.** ¿Cuáles son las funciones que debe desempeñar un administrador de bases de datos?

**2.13.** Los usuarios finales de una base de datos se pueden clasificar en diferentes tipos de usuarios según su relación con la base de datos. Describe estos usuarios.

**2.14.** ¿Qué es el gestor de almacenamiento de un SGBD? ¿Cuáles son los componentes principales del gestor de almacenamiento?

**2.15.** Diferencias entre el índice, diccionario de datos y los archivos.

**2.16.** ¿Qué es el procesador de consultas de un SGBD? ¿Cuáles son los componentes principales del procesador de consultas?

**2.17.** ¿En qué consiste el modelo en tres niveles de ANSI/SPARC y qué se consigue aplicando este modelo?

**2.18.** ¿Cuáles son las características que debe cubrir un SGBD? ¿Qué aporta cada una de estas características?

**2.19.** Los SGBD son los encargados de proporcionar la interfaz a los usuarios o realizar un conjunto de funciones. Descríbelas.

**2.20.** ¿Cuáles son las ventajas e inconvenientes de utilizar SGBD frente a ficheros planos?

**2.21.** Describe al menos tres supuestos personales en los que utilizarías un SGBD para gestionar la información.

**2.22.** En el contexto de bases de datos relacionales, define los siguientes conceptos: tupla, atributo, grado, cardinalidad, dominio.

**2.23.** Crea varias tablas con sus correspondientes atributos, definiendo su grado, cardinalidad y dominio para una base de datos de recetas que se quiera tener el tipo de receta (carne, pescado, postres) y qué persona te dio la receta. Cuando la persona sea desconocida se puede utilizar un valor de identificador -1 para el campo *id_persona*.

**2.24.** Define las siguientes características en el contexto de una base de datos orientada a objeto: clase, objeto, herencia.

**2.25.** Define las bases de datos en red y jerárquicas.

**2.26.** ¿Qué es el teorema CAP de Brewer?

**2.27.** ¿Cuáles son las cuatro categorías de bases de datos NoSQL?

**2.28.** Pon ejemplos de cuándo usar cada tipo de bases de datos NoSQL.

**2.29.** Existen relaciones de simbiosis entre los distintos tipos de bases de datos. Pon algunos ejemplos en los que tu usarías el apoyo de distintas bases de datos para dar una solución, qué bases de datos usarías y en qué se complementarían.

# 3. Otros tipos de almacenes de la información

# Contenido

## Introducción

En los dos capítulos anteriores se ha realizado un pequeño recorrido por la superficie de las tecnologías y mecanismos más utilizados para almacenar la información. No obstante, existen otros tipos de almacenes no tan generales que tratan de dar soporte a otros servicios. Este capítulo se divide en dos grandes bloques: XML y LDAP.

El lenguaje de marcas XML es una tecnología que nació originalmente para intercambio de información entre sistemas, pero poco a poco ha ido evolucionando para servir como un almacén de datos. De hecho, XML es una de las tecnologías más populares hoy en día como intercambio de datos entre sistemas. A lo largo del capítulo se describen los elementos principales que componen un documento XML y cómo poder definir estructuras de datos XML utilizando DTD y esquemas XML. Los DTD y esquemas XML permiten especificar con precisión el modelo de datos que se almacena en el fichero XML. Es importante conocer las herramientas que se utilizan para realizar consultas sobre los ficheros XML; hoy en día las dos principales son XPath y XQuery. Finalmente, se realiza un análisis comparativo entre los ficheros de texto plano y los documentos en XML.

Por otro lado, LDAP es un protocolo de acceso a directorio que utilizan ampliamente los administradores de sistemas para gestionar los recursos de su infraestructura. Una de sus principales características es la de administrar el acceso a un directorio (almacén) ordenado y distribuido. En este capítulo, se describen las principales características que componen este servicio (no cómo configurarlo) y una comparativa frente a otros SGBD.

## 3.1. XML

### 3.1.1. Definición de XML

El lenguaje de marcas extensible (*Extensible Markup Language*, XML) es una tecnología que no nació como tecnología de bases de datos. XML surge como gestión de documentos y deriva de SGML (*Standard Generalized Markup Language*), el cual es un lenguaje que permite estructurar grandes documentos. Otro popular lenguaje que permite estructurar documentos y deriva de SGML es HTML (*Hyper Text Markup Language*), el cual permite estructurar las páginas web. A diferencia de SGML y HTML, XML tiene el potencial para representar datos de una base de datos. XML es un lenguaje muy útil cuando se debe dar formato a datos que se tienen que comunicar entre aplicaciones o integrar con aplicaciones de terceros. Aunque la utilidad más extendida de XML es la de intercambiar información entre sistemas, también se puede utilizar como SGBD, puesto que se pueden realizar consultas y manipulaciones de los datos en XML.

En primer lugar, se debe comprender de dónde proviene XML y el concepto de marca, ya que XML es un lenguaje de marcas. Se considera marca a cualquier elemento en un documento que no es parte de la información imprimible/visible por parte de los usuarios finales. Por ejemplo, en HTML se incorporan marcas para insertar valor semántico a un texto, el cual será una página web. En el siguiente ejemplo se muestra texto mezclado con marcas.

```
<title> Este es el título de una página Web </title>
```

En el ejemplo anterior, las marcas <title> </title> no son visibles/imprimibles por el usuario, sino que se está dando un significado al texto que está contenido entre ellas.

En los lenguajes de marcas HTML, XML y SGML se utilizan etiquetas para referirse a marcas. Las etiquetas comienzan entre corchetes angulares < >, mientras que para cerrar una etiqueta se utiliza </ >. De este modo, las etiquetas tienen un comienzo <etiqueta> y un fin </etiqueta>. Si el lector conoce HTML, sabrá que el conjunto de etiquetas es delimitado para que los navegadores web puedan interpretarlos de manera similar, pero esto no sucede así en XML, donde el conjunto de etiquetas no está delimitado. Esta es una de las características que hacen a XML tener mayor potencial que otros lenguajes de marcas para la representación e intercambio de datos. En el Ejemplo 3.1 se muestra un documento XML sobre información de una agenda de usuarios.

```
<agenda>
  <contacto>
  <nombre> Francisco </nombre>
  <apellidos> García Luque </apellidos>
  <telefono> 600 222 222</telefono>
  <provincia> Málaga </provincia>
</contacto>
  <contacto>
  <nombre> María </nombre>
 <apellidos> Caro Pérez </apellidos>
  <telefono> 600 333 333</telefono>
  <provincia> Cádiz </provincia>
```

```
</contacto>
 <contacto>
  <nombre> Miguel </nombre>
  <apellidos> Fernández Gil </apellidos>
  <telefono> 600 444 444</telefono>
  <provincia> Granada </provincia>
 </contacto>
</agenda>
```

Ejemplo 3.1. Documento XML con información de una agenda de contactos.

El hecho de que se repitan constantemente los nombres de las etiquetas puede parecer redundante y poco eficiente frente a una base de datos, pero esta característica presenta una serie de ventajas a la hora de intercambiar información entre sistemas:

1. **Autodocumentado**. Las etiquetas permiten tener documentado el documento sin necesidad de recurrir a un manual, sino que las propias etiquetas dan el significado semántico al contenido que deben interpretar los diferentes sistemas.

2. **Flexible**. Los documentos XML pueden agregar o eliminar etiquetas dinámicamente sin que conlleve un coste elevado en la transmisión. De hecho, se puede agregar una etiqueta desde el emisor que puede ser rechazada por el receptor al no conocer su significado.

3. **Estandarizado**. El formato XML es un estándar aceptado por la comunidad, incluso han surgido alternativas más simples y con menos potencial como son JSON. El hecho de que XML esté estandarizado desde hace muchos años ayuda a la existencia de herramientas *software* que permiten la manipulación de los datos de manera cómoda y eficiente.

### 3.1.1.1. Elementos de XML

La estructura de los documentos XML se compone de diferentes elementos, cada uno con una función específica en la composición de estos. A continuación, se describen estos elementos:

- **Elementos**. Los elementos son las piezas fundamentales que componen un documento XML. Los elementos, tal y como se introdujo anteriormente, son un par de etiquetas de inicio y fin que permiten agregar valor semántico al texto que se encuentra encerrado entre ellas. Los elementos se encuentran anidados unos dentro de otros para ir creando una estructura jerárquica de nodos. Todos los documentos XML disponen de un único elemento desde el que se anidan todos los demás, este nodo es conocido como el nodo raíz. En el Ejemplo 3.2 se muestra un documento XML que se encuentra bien anidado, en el cual el nodo raíz es <agenda>. Observe que en el nodo <agenda> se encuentran anidados los elementos <contacto>; en este caso, solo un nodo de <contacto>. Se sigue la estructura jerárquica y dentro del nodo <contacto> se encuentra el nodo <nombre>. Por otro lado, en el Ejemplo 3.3 se muestra un ejemplo de documento XML que no está bien anidado, puesto que el elemento <nombre> que se encuentra anidado dentro del elemento <contacto> no ha sido cerrado dentro de este elemento, sino que se ha cerrado fuera de </contacto>, lo cual provoca un mal anidamiento.

```
<agenda><contacto> <nombre> </nombre></contacto></agenda>
```
Ejemplo 3.2. Documento XML bien anidado.

```
<agenda><contacto> <nombre> </contacto> </nombre></agenda>
```
Ejemplo 3.3. Documento XML mal anidado.

Existen casos particulares de elementos que no están compuestos por un par de etiquetas, sino que su significado es autocontenido con sus atributos, se verá en el siguiente punto, y no contienen texto. En este caso, el elemento utiliza una sola etiqueta del siguiente modo <elemento/>.

- **Atributos**. Los atributos están asociados a los elementos y sirven para modificar o agregar propiedades a los elementos. En un elemento puede haber ninguno, uno o varios atributos diferentes. Por lo tanto, los atributos son modificadores de los elementos base. Los atributos son un par compuesto por el nombre = "valor atributo" antes de finalizar el elemento. El orden de los atributos no es relevante para el documento XML. En el Ejemplo 3.4 se muestra el uso de varios atributos al documento agenda. Se ha creado un atributo *favorito* para especificar los contactos que tienen esta mención especial. Observe que este atributo no es obligatorio para todos los contactos, sino que se especifica en algunos contactos y puede tener el valor *Sí* y *No*. Los valores y atributos son definidos sin ninguna rigidez, es decir, son las aplicaciones las que deben interpretar este significado.

```
<agenda>
 <contacto>
 <nombre> Francisco </nombre>
 <apellidos> García Luque </apellidos>
 <telefono> 600 222 222</telefono>
 <provincia> Málaga </provincia>
```

```
</contacto>
 <contacto favorito="Si">
 <nombre> María </nombre>
 <apellidos> Caro Pérez </apellidos>
 <telefono> 600 333 333</telefono>
 <provincia> Cádiz </provincia>
</contacto>
 <contacto favorito="No">
 <nombre> Miguel </nombre>
 <apellidos> Fernández Gil </apellidos>
 <telefono> 600 444 444</telefono>
 <provincia> Granada </provincia>
</contacto>
</agenda>
```

Ejemplo 3.4. Documento XML con el uso del atributo *favorito*.

- **Espacio de nombres.** Los documentos XML se utilizan para intercambiar datos, y, por tanto, es necesario crear un espacio de nombres para que los elementos sean únicos. Imagine lo fácil que es que dos documentos XML utilicen el mismo nombre de elemento pero con un significado totalmente diferente. En ese caso, la herramienta *software* que interpreta el documento XML solo encontrará errores u omitirá la información sin poder brindar de un servicio adecuado. Para solucionar este problema, surgen los espacios de nombres en los documentos XML, los cuales permiten establecer contextos en los que los nombres serán únicos. En el Ejemplo 3.5 se muestra cómo definir el espacio de nombres sobre el ejemplo de la agenda. Observe que para especificar el espacio de nombres se define en el elemento raíz el atributo *xmlns:agen*, el cual se utiliza posteriormente en los elementos que están en el espacio de nombres. Este atributo debe ser completado con una URI (identificador de recursos uniforme, *uniform resource identifier*), aunque tenga en cuenta que posteriormente no se accede a ella como un recurso, solo es para identificar el espacio de nombre.

```
<agenda xmls:agen="http://www.miagenda.com">
 <agen:contacto>
 <agen:nombre> Francisco </agen:nombre>
 <agen:apellidos> García Luque </agen:apellidos>
 <agen:telefono> 600 222 222</agen:telefono>
 <agen:provincia> Málaga </agen:provincia>
 </agen:contacto>
 <agen:contacto favorito="Si">
 <agen:nombre> María </agen:nombre>
```

```
<agen:apellidos> Caro Pérez </agen:apellidos>
<telefono> 600 333 333</agen:telefono>
<agen:provincia> Cádiz </agen:provincia>
</agen:contacto>
<agen:contacto favorito="No">
<agen:nombre> Miguel </agen:nombre>
<agen:apellidos> Fernández Gil </agen:apellidos>
<agen:telefono> 600 444 444</agen:telefono>
<agen:provincia> Granada </agen:provincia>
</agen:contacto>
</agenda>
```

Ejemplo 3.5. Documento XML con el uso de espacio de nombres.

Un documento puede tener más de un espacio de nombres, en ese caso, basta con introducir dos atributos *xmlns* para tener los dos espacios de nombres. En el Ejemplo 3.6 se muestra un documento en el que existen dos espacios de nombres para modelar datos referentes a los pedidos realizados por un cliente.

```
<cli:cliente
  xmlns:cli="http://midominio.es/cliente"
  xmlns:ped="http://midominio.es/pedido">
  <cli:nombre>Francisco Luque García</cli:nombre>
  <cli:identificador>123</cli:identificador>
  <ped:pedido>
    <ped:identificador>4523</ped:identificador>
    <ped:articulo>Gel de baño</ped:articulo>
    <ped:precio>5,23</ped:precio>
  </ped:pedido>
</cli:cliente>
```

Ejemplo 3.6. Documento XML con varios espacios de nombres.

- **CDATA.** Este elemento es especial y se utiliza cuando se requiere almacenar información que contiene etiquetas, y, por lo tanto, no deben ser interpretadas como marcas sino como contenido. En el Ejemplo 3.7 se muestra el contenido de un elemento CDATA, en el cual el texto producto debe ser enviado como texto y no como elemento.

```
<![CDATA[<producto> ... </producto>]]>
```

Ejemplo 3.7. Documento XML con elemento CDATA.

### 3.1.1.2. Esquema de los documentos XML

XML proporciona una flexibilidad que en ocasiones puede plantear un problema. Las bases de datos normalmente tienen un esquema o diseño sobre qué datos y de qué tipo se van a almacenar. En XML se proporcionan los esquemas como mecanismos para restringir los tipos de datos de la información que se almacena en la base de datos. Los dos principales mecanismos para crear los escuemas en XML son DTD y XMLSchemas, que se describen a continuación.

### Document Type Definition

DTD (*Document Type Definition*, definición de tipos de documento) se utiliza para restringir el tipo de información que se puede representar en el documento. Los DTD son opcionales en los documentos XML. Los DTD son un conjunto de reglas que especifican los subelementos y atributos de un elemento. A diferencia de los SGBD, en los que se especifica el tipo de dato que se va a almacenar, en los XML se estructuran los documentos y, por lo tanto, los DTD restringen el aspecto/estructura de los elementos y atributos. Los DTD, salvando las diferencias, pueden ser análogos a las expresiones regulares en los lenguajes de programación, pero en el contexto de los documentos XML. A continuación, se van a describir los diferentes elementos de los DTD.

* **Enlazar un DTD en un documento XML.**

    – En el propio documento XML. Donde *nombre* debe coincidir con el nombre del elemento raíz del documento XML.

```
<!DOCTYPE nombre [
declaraciones
]>
```

    – En un documento externo y utilizado por una única aplicación o para combinar una DTD externa con una DTD interna. Donde *uri* es la ruta hasta el documento DTD.

```
<!DOCTYPE nombre SYSTEM "uri" [
declaraciones
]>
```

    – En un documento externo y utilizado por varias aplicaciones. Donde *fpi* (*Formal Public Identifier*) es un identificador público.

```
<!DOCTYPE nombre PUBLIC "fpi" "uri" [
declaraciones
]>
```

- **Declaración de entidades**. Las entidades son similares a las constantes en los lenguajes de programación, se definen con un nombre y el valor asociado en una etiqueta especial denominada ENTITY. Para utilizar la entidad se debe hacer referencia a ella utilizando el carácter especial & junto al nombre de la entidad finalizado por punto y coma (&nombreEntidad;).

```
<!ENTITY nombreEntidad "valorEntidad">
```

- **Elementos**. Los elementos son una pieza fundamental en XML, y, por tanto, los DTD tienen muchas reglas asociadas a los mismos. La definición de un elemento se realiza con la palabra clave ELEMENT seguido del nombre del elemento y entre paréntesis el tipo de contenido del elemento.

```
<!ELEMENT nombreElemento (contenido)>
```

Los contenidos que pueden utilizar los elementos son EMPTY, #PCDATA y ANY. No obstante, al igual que las expresiones regulares, existe una serie de metacaracteres que permiten definir cómo los elementos se relacionan entre sí.

- **EMPTY**. El elemento es vacío, el cual puede especificarse tanto con las etiquetas de apertura y cierre como con la etiqueta única de cierre.

| Definición | Bien formado | Mal formado |
|---|---|---|
| `<!DOCTYPE demo [`<br>`  <!ELEMENT demo EMTPY>`<br>`]>` | `<demo></demo>`<br>`<demo />` | `<demo> texto </demo>`<br>`<demo><h1></h1>`<br>`</demo>` |

- **#PCDATA**. El elemento puede contener texto. La palabra reservada #PCDATA se debe escribir entre paréntesis.

| Definición | Bien formado | Mal formado |
|---|---|---|
| `<!DOCTYPE demo [`<br>`  <!ELEMENT demo (#PCDATA)>`<br>`]>` | `<demo></demo>`<br>`<demo />`<br>`<demo> texto </demo>` | `<demo><h1></h1>`<br>`</demo>` |

– **ANY**. El elemento puede contener texto y cualquier otro tipo de elementos.

| Definición | Bien formado | Mal formado |
|---|---|---|
| <!DOCTYPE demo [<br> <!ELEMENT demo ANY><br> ]> | <demo></demo><br> <demo /><br> <demo> texto </demo><br> <demo><h1></h1></demo> | |

– **, (coma)**. El elemento contiene los elementos especificados en el orden indicado.

| Definición | Bien formado | Mal formado |
|---|---|---|
| <!DOCTYPE demo [<br> <!ELEMENT demo (x, y)><br> <!ELEMENT x EMPTY><br> <!ELEMENT y EMPTY><br> ]> | <demo><x></x><y /><br> </demo><br> <demo><x /><y /></demo> | <demo><x /></demo><br> <demo><y /><x /></demo><br> <demo><z /></demo> |

– **| (o lógico)**. El elemento contiene alguno de los elementos.

| Definición | Bien formado | Mal formado |
|---|---|---|
| <!DOCTYPE demo [<br> <!ELEMENT demo (x \| y)><br> <!ELEMENT x EMPTY><br> <!ELEMENT y EMPTY><br> ]> | <demo><x></x></demo><br> <demo><y /></demo> | <demo><x /><y /></demo><br> <demo><y /><x /></demo><br> <demo></demo> |

– **?**. El elemento puede aparecer o no (una sola vez).

| Definición | Bien formado | Mal formado |
|---|---|---|
| <!DOCTYPE demo [<br> <!ELEMENT demo (x?, y)><br> <!ELEMENT x EMPTY><br> <!ELEMENT y EMPTY><br> ]> | <demo><x></x><y/><br> </demo><br> <demo><y /></demo> | <demo><x /></demo> |

– **\***. El elemento puede aparecer o no (una o más veces).

| Definición | Bien formado | Mal formado |
|---|---|---|
| <!DOCTYPE demo [<br><!ELEMENT demo (x*, y)><br><!ELEMENT x EMPTY><br><!ELEMENT y EMPTY><br>]> | <demo><x></x><y/><br></demo><br><demo><y /></demo><br><demo><x/><x/><y /><br></demo> | <demo><x /></demo> |

    —  +. El elemento tiene que aparecer como mínimo una vez.

| Definición | Bien formado | Mal formado |
|---|---|---|
| <!DOCTYPE demo [<br><!ELEMENT demo (x+, y)><br><!ELEMENT x EMPTY><br><!ELEMENT y EMPTY><br>]> | <demo><x></x><y/><br></demo><br><demo><x/><x/><y /><br></demo> | <demo><x /></demo><br><demo><y /></demo> |

    —  (). Este conector permite agrupar expresiones.

| Definición | Bien formado | Mal formado |
|---|---|---|
| <!DOCTYPE demo [<br><!ELEMENT demo (x+,(y \| x)><br><!ELEMENT x EMPTY><br><!ELEMENT y EMPTY><br>]> | <demo></x><y/></demo><br><demo><x/><x/><y /><br></demo><br><demo><x/><x/></demo> | <demo><x /></demo><br><demo><y /></demo> |

- **Atributos**. La declaración de un atributo se especifica con las siguientes sintaxis:

```
<!ATTLIST nombreElemento nombreAtributo tipoAtributo valorInicial>
```

```
<!ATTLIST nombreElemento
nombreAtributo1 tipoAtributo1 valorInicial1
nombreAtributo2 tipoAtributo2 valorInicial2
nombreAtributoN tipoAtributoN valorInicialN>
```

Donde *nombreElemento* es el nombre del elemento en el que se incorporará el atributo; *nombreAtributo* es el identificador del atributo; *tipoAtributo* es el tipo de datos, se describen más adelante las diferentes posibilidades, y finalmente *valorInicial* es el valor por defecto de dicho atributo.

Los valores posibles para los tipos de atributos son los siguientes:

— **CDATA**. El atributo puede contener cualquier tipo de caracteres.

| Definición | Bien formado | Mal formado |
|---|---|---|
| <!DOCTYPE d [<br>  <!ELEMENT d EMPTY><br>  <!ATTLIST d x CDATA><br>]> | <d x="" /><br><d x="texto" /><br><d x="texto texto #11" /> | <d y="texto"/> |

— **NMTOKEN**. El atributo solo puede contener letras, dígitos y los caracteres especiales punto (.), guion (-), subrayado (_) y dos puntos (:).

| Definición | Bien formado | Mal formado |
|---|---|---|
| <!DOCTYPE d [<br>  <!ELEMENT d EMPTY><br>  <!ATTLIST d x NMTOKEN><br>]> | <d x=""/><br><d x="texto" /><br><d x="12" /> | <d y="texto"/><br><d x="texto texto" /><br><d x="#11" /> |

— **NMTOKENS**. Igual que NMTOKEN pero permitiendo los espacios en blanco.

| Definición | Bien formado | Mal formado |
|---|---|---|
| <!DOCTYPE d [<br>  <!ELEMENT d EMPTY><br>  <!ATTLIST d x NMTOKENS><br>]> | <d x=""/><br><d x="texto" /><br><d x="12" /><br><d x="texto texto" /> | <d y="texto"/><br><d x="#11" /> |

— **Valores**. El atributo solo puede contener los términos especificados en una lista.

| Definición | Bien formado | Mal formado |
|---|---|---|
| <!DOCTYPE d [<br>  <!ELEMENT d EMPTY><br>  <!ATTLIST d x (v1|v2|v3)><br>]> | <d x=""/><br><d x="v1" /><br><d x="v2" /><br><d x="v3" /> | <d y="texto"/><br><d x="#11" /> |

- **ID**. El valor del atributo debe ser único y no se puede repetir en otros elementos o atributos.

| Definición | Bien formado | Mal formado |
|---|---|---|
| `<!DOCTYPE d [`<br>`  <!ELEMENT d (x*)>`<br>`  <!ELEMENT x (#PCDATA)`<br>`  <!ATTLIST x codigo ID>`<br>`]>` | `<d>`<br>`  <x codigo="id1" />`<br>`  <x codigo="id2" />`<br>`</d>` | `<d>`<br>`  <x codigo="id1" />`<br>`  <x codigo="id1" />`<br>`</d>` |

- **IDREF**. El valor del atributo debe coincidir con el valor del atributo ID de otro elemento. Este atributo es útil para establecer relaciones entre elementos.

| Definición | Bien formado |
|---|---|
| `<!DOCTYPE d [`<br>`  <!ELEMENT d (libro|prestamo)>`<br>`  <!ELEMENT libro (#PCDATA)`<br>`  <!ATTLIST libro codigo ID>`<br>`  <!ELEMENT prestamo (#PCDATA)`<br>`  <!ATTLIST prestamo libro IDREF`<br>`]>` | `<d>`<br>`  <libro codigo="id1" >`<br>`  UF1468`<br>`  </libro>`<br>`  <prestamo libro="id1" >`<br>`  Carlos Caballero`<br>`  </prestamo>`<br>`</d>` |

- **IDREFS**. Igual que IDREF pero se especifica en el atributo una lista de valores.

| Definición | Bien formado |
|---|---|
| `<!DOCTYPE d [`<br>`  <!ELEMENT d (libro|prestamo)>`<br>`  <!ELEMENT libro (#PCDATA)`<br>`  <!ATTLIST libro codigo ID>`<br>`  <!ELEMENT prestamo (#PCDATA)`<br>`  <!ATTLIST prestamo libro IDREFS`<br>`]>` | `<d>`<br>`  <libro codigo="id1" >`<br>`  UF1468`<br>`  </libro>`<br>`  <libro codigo="id2">`<br>`  UF1465`<br>`  </libro>`<br>`  <prestamo libro="id1 id2" >`<br>`  Carlos Caballero`<br>`  </prestamo>`<br>`</d>` |

- **ENTITY**. El valor del atributo es una entidad definida en el DTD.

- **ENTITIES**. Igual que Entity, pero se especifica en el atributo una lista de entidades.

El último punto que quedaría por definir en los atributos son los valores por defecto que estos pueden tomar. A continuación, se describen las diferentes opciones que pueden especificarse utilizando DTD.

- **#REQUIRED.** El atributo es obligatorio, pero no se especifica ningún valor por defecto.

| Definición | Bien formado |
|---|---|
| ```<!DOCTYPE d [`<br>`  <!ELEMENT d EMPTY>`<br>`  <!ATTLIST d sabor CDATA #REQUIRED>`<br>`]>``` | `<d sabor=""/>`<br>`<d sabor="dulce"/>`<br>`<d sabor="dulce cremoso"/>` |

- **#IMPLIED.** El atributo no es obligatorio y no se especifica ningún valor por defecto.

| Definición | Bien formado |
|---|---|
| ```<!DOCTYPE d [`<br>`  <!ELEMENT d EMPTY>`<br>`  <!ATTLIST d sabor CDATA #IMPLIED>`<br>`]>``` | `<d />`<br>`<d sabor=""/>`<br>`<d sabor="dulce"/>`<br>`<d sabor="dulce cremoso"/>` |

- **#FIXED.** El atributo tiene un valor fijo, pero no es obligatorio.

| Definición | Bien formado |
|---|---|
| ```<!DOCTYPE d [`<br>`  <!ELEMENT d EMPTY>`<br>`  <!ATTLIST d sabor CDATA FIXED "amargo">`<br>`]>``` | `<d />`<br>`<d sabor="amargo"/>` |

- **Valor.** El atributo tiene el valor por defecto establecido como el valor.

| Definición | Bien formado |
|---|---|
| ```<!DOCTYPE d [`<br>`  <!ELEMENT d EMPTY>`<br>`  <!ATTLIST d sabor CDATA "amargo">`<br>`]>``` | `<d />`<br>`<d sabor=""/>`<br>`<d sabor="dulce"/>`<br>`<d sabor="amargo"/>` |

Los DTD no son adecuados para servir como estructura de tipos de XML en aplicaciones de procesamiento de datos. Algunas de las limitaciones de los DTD son las siguientes:

- No es posible especificar el tipo de elementos y atributos de texto individuales. Por ejemplo, no es posible establecer que un elemento sea un número positivo o negativo. Por lo tanto, las aplicaciones de procesamiento deben realizar esta validación de datos.

- No es posible utilizar tipos en las referencias de elementos (ID o IDREF).

**XMLSchemas**

Los esquemas en XML surgen para cubrir las debilidades de DTD, y entre los beneficios que ofrecen los esquemas XML están los siguientes:

- Permite la extensión de tipos complejos mediante el uso de herencia.

- Es un superconjunto de DTD. Es decir, todo lo que existe en DTD existe en los esquemas XML.

- Es posible establecer restricciones de unicidad y de claves externas. De modo que se acerca en gran medida a las claves externas de las bases de datos relacionales.

- Está totalmente definido con espacios de nombres, lo que permite que diferentes partes de un documento puedan adaptarse a diferentes esquemas.

- Es posible definir tipos nuevos por el usuario.

- Es posible restringir los tipos específicos a formatos numéricos o listas.

- Es posible restringir los tipos de datos dando lugar a tipos especializados.

```
<xsd:element name="nombreElemento"
  type="tipoSimple/tipoComplejo"
  minOccurs="valor"
  maxOccurs="valor"
  fixed="valor"
  default="valor />
```

Ejemplo 3.8. Sintaxis de un elemento en un esquema XML.

Para definir un elemento en un esquema XML se utiliza la sintaxis mostrada en el Ejemplo 3.8, donde las partes que existen son las siguientes:

- **name**. El nombre del elemento.

- **type**. El tipo de elemento. En los esquemas XML pueden existir dos tipos de elementos:

  - *Tipos simples*. Estos elementos solamente pueden ser datos del tipo carácter. No se pueden incluir otros elementos, ni tampoco atributos.

  - *Tipos complejos*. Estos elementos pueden incluir otros elementos o atributos y se definen con la etiqueta <xsd:complexType>. En el siguiente ejemplo se define un elemento llamado *disco* en el cual se acepta el atributo *formato* (digital o físico) que será obligatorio y del tipo *string*.

```
<xsd:element name="disco">
 <xsd:complexType>
 <xsd:attribute name="formato" type="xsd:string" use="required"
 </xsd:complexType>
</xsd:element>
```

Ejemplo 3.9. Sintaxis de un elemento complejo en un esquema XML.

- **minOccurs/maxOccurs**. Estos atributos permiten indicar el mínimo y máximo número de ocurrencias del elemento. Si no se especifica este atributo, el valor por defecto es 1. En caso de querer especificar un número ilimitado de ocurrencias, se utiliza la palabra reservada *unbounded*.

- **fixed**. Especifica un valor fijo para el elemento.

- **default**. Especifica un valor por defecto para el elemento.

En los esquemas XML existen cuatro tipos para definir el contenido de un elemento:

1. **Texto**. El elemento solo puede contener datos carácter.

```
<xsd:element name="disco" type="xsd:string" />
```

2. **Vacío**. El elemento solamente puede incluir atributos. Estos elementos deben definirse como tipos complejos si tienen atributos o como simples en caso contrario. En el siguiente ejemplo se declara un elemento llamado *trabajo* que no podrá contener ningún otro subelemento ni texto, pero tiene un atributo llamado *anhosServicio,* el cual es del tipo *positiveInteger*.

```
<xsd:element name="trabajo">
 <xsd:complexType>
 <xsd:attribute name="anhosServicio" type="xsd:positiveInteger"/>
 </xsd:complexType>
</xsd:element>
```

3. **Elementos**. Los elementos pueden contener subelementos. En los esquemas XML existen tres tipos de elementos predefinidos, se pueden definir propios.

  a. *Sequence.* Especifica una secuencia de elementos que deben aparecer en el documento XML. Deben aparecer todos los elementos definidos y en el mismo orden. En el siguiente ejemplo se especifica el elemento *televisor,* el cual tendrá dos elementos hijos y en ese orden del tipo *string*: *pulgadas* y *marca.*

```
<xsd:element name="televisor">
 <xsd:complexType>
 <xsd:sequence>
 <xsd:element name="pulgadas" type="xsd:string"/>
 <xsd:element name="marca" type="xsd:string"/>
 <xsd:sequence>
 </xsd:complexType>
</xsd:element>
```

  b. *Choice.* Especifica una lista de elementos de los cuales solo puede aparecer uno por defecto, pero se puede modificar con los atributos *maxOccurs* y *minOccurs*. En el ejemplo se muestra un elemento *inmueble,* el cual puede contener uno de los siguientes elementos *piso*, *chalet*, *duplex* o *garaje*.

```
<xsd:element name="inmueble">
 <xsd:complexType>
 <xsd:choice>
 <xsd:element name="piso" type="xsd:string"/>
 <xsd:element name="chalet" type="xsd:string"/>
 <xsd:element name="duplex" type="xsd:string"/>
 <xsd:element name="garaje" type="xsd:string"/>
 <xsd:choice>
 </xsd:complexType>
</xsd:element>
```

  c. *All.* Tiene el mismo comportamiento que el elemento *sequence,* pero sin restricciones de orden ni obligatoriedad de que tengan que aparecer todos los elementos.

```
<xsd:element name="televisor">
 <xsd:complexType>
 <xsd:all>
 <xsd:element name="pulgadas" type="xsd:string"/>
 <xsd:element name="marca" type="xsd:string"/>
 <xsd:all>
 </xsd:complexType>
</xsd:element>
```

4. **Mixted**. El elemento puede contener datos carácter y elementos hijos.

```
<xsd:element name="televisor">
 <xsd:complexType mixted="true">
 <xsd:all>
 <xsd:element name="pulgadas" type="xsd:string"/>
 <xsd:element name="marca" type="xsd:string"/>
 <xsd:all>
 </xsd:complexType>
</xsd:element>
```

### 3.1.1.3. Consultas en XML

En este último apartado de la definición de XML se van a describir brevemente las técnicas que permiten realizar consultas en los documentos XML. En esta sección no se describe a fondo todo el potencial de estas tecnologías, puesto que su envergadura daría para un libro competo.

Las dos técnicas que se utilizan para extraer información de documentos XML son XPath y XQuery.

- **XPath**. Es un lenguaje para expresiones de rutas de accesos. Es decir, nos permite establecer rutas para extraer información de los documentos XML.

- **XQuery**. Es un lenguaje de consultas definido por la W3C (*World Wide Web Consortium*). El lenguaje de consultas de XQuery se conoce como FLWR y está compuesto por cuatro secciones (*For, Let, Where* y *Return*). La sección *for* especifica las variables cuyos valores se obtienen a través de expresiones XPath. La sección *let* permite asignar nombres a las expresiones complejas obtenidas en la sección *for*. La sección *where* permite filtrar o realizar comprobaciones del conjunto de datos obtenidos, es decir, se aplican condiciones. Finalmente la sección *return* construye los resultados en XML.

### 3.1.2. Comparación del almacenamiento XML con el almacenamiento plano en ficheros

En la sección anterior se ha definido el almacenamiento de datos utilizando XML, mientras que en el Capítulo 1 se profundizó en el almacenamiento de información utilizando ficheros planos. A continuación, se van a enumerar las principales ventajas e inconvenientes que existen a la hora de utilizar una u otra tecnología.

- Ventajas
    - Organización jerárquica de los datos.
    - Herramientas de validación de datos automáticas (DTD y esquemas XML).
    - Herramientas para transformar datos (XSL).
    - Herramientas para extraer, transformar y cargar los datos (*Extract, Transform, and Load*, ETL).
    - En XML es fácil identificar las relaciones que existen en las estructuras de datos frente al texto plano.
    - Integrado perfectamente con los navegadores web (el futuro del desarrollo probablemente esté en la web).
    - Relacionado con otras tecnologías como son XPath, DOM y XML-RPC.
    - Simplifica la comunicación entre herramientas de terceras partes, es decir, entre sistemas de diferentes empresas o departamentos.

- Inconvenientes
    - Lento de procesar frente a otras tecnologías.
    - La redundancia influye negativamente en la legibilidad.
    - Es complicado modelar estructuras de datos que no sean jerárquicas, sino que estén solapadas entre sí.

## 3.2. Servicios de directorio (LDAP)

### 3.2.1. Definición de LDAP

La labor del protocolo ligero de acceso a directorios (*Lightweight Directory Access Protocol*, LDAP), como su propio nombre indica, reside en administrar y controlar el acceso a una estructura de directorios ordenada y distribuida en un entorno de red para buscar diversa información, es decir, su campo de actuación es el de definir el método por el cual se accederá a los datos. LDAP funciona en el nivel de la capa de aplicación de la pila de protocolos TCP/IP, el precursor de LDAP se definió a finales de los setenta por la Unión Internacional de Telecomunicaciones (UIT). En aquel momento se estaba tratando una serie de normas sobre el correo electrónico, el cual requería de un directorio de nombres y sistema de directorios para poder acceder a ellos de forma organizada, de ahí su parecido estructural a un sistema de resolución de nombres. Esta necesidad de un directorio totalmente estructurado y organizado pensado para acceder a él mediante la red de manera global obligó a la UIT a definir una serie de normas, y, por consiguiente, acabaron definiendo el protocolo de acceso a directorio (DAP). Este protocolo está incluido en la pila OSI. DAP era pesado debido a su tamaño y todas sus implementaciones, lo que daba lugar a un consumo de recursos bastante elevado para la época, a principios de los noventa. Debido a este hecho, la UIT empezó a trabajar en una nueva implementación de DAP sobre TCP/IP, ya que ejecutar las siete capas del modelo OSI provocaba la adicción de todas las cabeceras, lo que ralentizaba el proceso. Esta nueva implementación dio lugar a LDAP, la forma ligera de DAP, el cual está implementado sobre TCP/IP, que a pesar de tener también la inclusión de cabeceras es bastante menos pesado, y, por consiguiente, más rápido. La Figura 3.1 representa de forma sintetizada las diferencias entre un paquete DAP y un paquete LDAP.

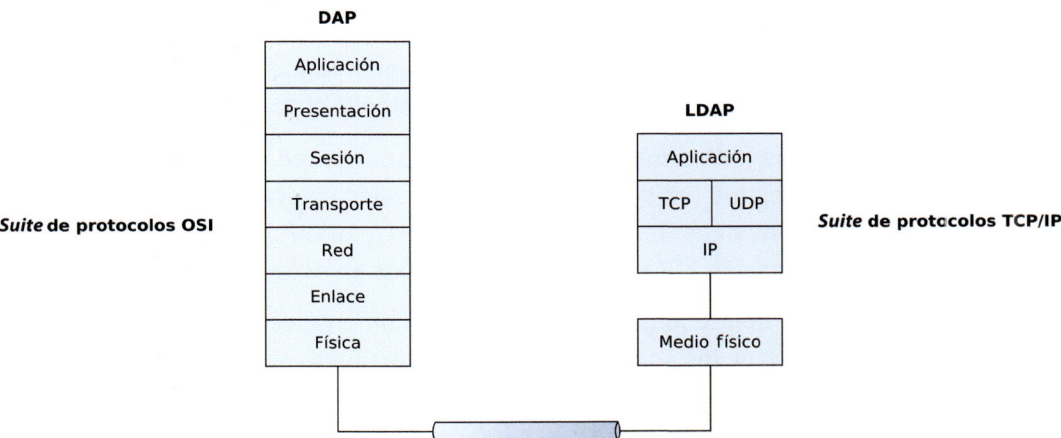

Figura 3.1. Diferencia de pila de tecnologías entre DAP y LDAP.

Antes de abordar un fichero de configuración de LDAP es necesario definir conceptos básicos con los que trabaja el protocolo:

- El **dominio**, al igual que el de una función matemática, es el total de objetos que se encuentran definidos en el directorio. No solo puede existir un dominio dentro de un mismo bosque, es posible que haya varios cada uno con su propio conjunto de objetos. Cualquier servidor LDAP necesita de un servidor de resolución de nombres (*Domain Name System,* DNS), ya que es el que designa el nombre del dominio.

- Un **objeto** es el nombre que se usa para hacer referencia a cualquier componente del directorio, cada objeto dispone de unos atributos. Los atributos son de dos tipos fundamentalmente:

  - *Operativos*. Son atributos que solo son accesibles por el servidor para manipular esos datos, por ejemplo, la fecha de modificación o de creación.

  - *Específicos*. Son atributos corrientes que forman el objeto como podrían ser el nombre o apellido o del usuario. Según a la clase que pertenezcan estos atributos, estos tendrán una estructura diferente, ya que están definidos por una serie de RFC (*Request for Comments*). La norma que específica a los objetos LDAP es la RFC 2256. De un modo muy resumido, existen tres tipos fundamentales de objeto:

    - ✓ **Usuarios**. Los usuarios se identifican a través de un nombre y pueden organizarse en grupos para simplificar la administración.

    - ✓ **Recursos**. Los recursos son los diferentes elementos a los que pueden acceder, o no, los usuarios según sus privilegios. Por ejemplo, directorios compartidos, impresoras, etcétera.

    - ✓ **Servicios**. Los servicios son las diferentes funciones a las que los usuarios pueden tener acceso. Por ejemplo, el correo electrónico.

- Los **esquemas** (*schemas*) son simplemente contenedores de atributos y clases de objetos (*objectClasses*), en los cuales se define el comportamiento de los mismos. Todos los *objectClasses* y atributos que se usan en cualquier aplicación LDAP deben estar definidos en estos archivos.

- Las **clases de objeto** (*objectClasses*) son un conjunto de atributos que se definen dentro de los *schemas*. Las clases de objeto están organizadas en una jerarquía y estas heredan todas las propiedades de las clases de objeto superiores. Además, se pueden crear clases personalizadas. Por ejemplo, es posible definir si un atributo es obligatorio u opcional dentro de la misma clase.

- Los **atributos** son contenedores de datos que se definen en un *schema*, cada uno de estos se incluyen en una o más *objectClasses*. Las características de los atributos se definen utilizando la notación ASN.1 (*Abstract Syntax Notation One*), que es un lenguaje para la descripción y codificación de normas para la representación de datos. Algunas características definibles que permite ASN.1 son el tipo de sintaxis que se debe usar, el tipo de campo que es y cómo se comporta en ciertas condiciones aritmético-lógicas.

- Un **controlador de dominio** (*Domain Controller*, DC) almacena la relación de objetos del directorio para un determinado dominio y es el encargado de la seguridad. El DC recibe las peticiones de los clientes respecto a la autenticación dentro de su ámbito de control. En un mismo dominio pueden coexistir varios DC enlazados entre sí.

- Un árbol es un conjunto de dominios que dependen de una misma raíz y se encuentran organizados dentro de una misma jerarquía. Dicha jerarquía también quedará representada por un espacio de nombres común. Por ejemplo, los dominios malaga.tubanco.es y santander.tubanco.es forman parte del mismo árbol, mientras que tubanco.uk y tubanco.es pertenecen a árboles diferentes. El objetivo de parametrizar y dividir la estructura replicando solo las partes necesarias permite tener un orden en nuestra estructura. Además, también representa los diferentes límites físicos, geográficos u organizacionales de cada conjunto.

- El **bosque** es el mayor contenedor de cualquier estructura de directorios, contiene los dominios que se encuentran dentro de su alcance. Los dominios están conectados entre sí por relaciones de confianza; son un método de comunicación entre dominios, árboles y bosques. Estas permiten a los usuarios de un dominio autenticarse en otro dominio del directorio.

  Existen dos tipos de relaciones de confianza: unidireccionales y bidireccionales. Además, las relaciones de confianza pueden ser transitivas, así que A confía en B y B confía en C, por tanto, A confía en C. De esta forma, todos los dominios de un bosque confían automáticamente unos en otros y los diferentes árboles podrán compartir sus recursos.

  Como ya hemos dicho, los dominios pueden estar organizados jerárquicamente en un árbol que comparte un espacio de nombres común (DIT: *Directory Information Tree*). A su vez, diferentes árboles pueden estar integrados en un bosque. Al tratarse de árboles diferentes, no compartirán el mismo espacio de nombres. Un bosque contiene al menos un dominio, que será el raíz. El dominio raíz del bosque contiene el esquema del bosque, que se compartirá con el resto de dominios que formen parte de dicho bosque.

- Una **unidad organizativa** es un contenedor de objetos que permite organizarlos en conjuntos y subconjuntos con el fin de dar forma a la estructura lógica de nuestra organización. Las unidades organizativas facilitan en gran medida la administración del dominio, ya que al seccionar la estructura se consigue una mayor facilidad a la hora de delegar la autoridad sobre los objetos que contienen.

- Un **sitio** es un grupo de computadores relacionados entre sí de forma lógica, pueden encontrarse en localizaciones distantes, pero mientras que estén conectados entre sí a un mismo DC formarán parte del mismo sitio.

Una vez que se han definido las nociones básicas, se procede a mostrar la arquitectura interna del servidor LDAP, el cual está dividido en dos partes:

- *Frontend.* El *frontend* es una interfaz de comunicación para los usuarios que maneja el procesamiento del protocolo y las conexiones de redes.

- *Backend.* El *backend* es una base de datos donde está almacenada toda la información relevante de la estructura organizativa de la empresa.

La arquitectura de LDAP es modular y es posible utilizarla con una gran cantidad de *backends,* donde incluso es posible interactuar con otras tecnologías al margen de bases de datos tradicionales. Un *backend* es una interfaz de almacenamiento, y una base de datos es una instancia dentro del *backend*. El servidor LDAP puede usar arbitrariamente varios *backends* en un mismo momento, a la vez que puede tener muchas instancias de cada *backend* activas a la vez, algunos ejemplos de *backend* son los siguientes:

- *Backends* **de bases de datos (***Data Storage Backends***, DSB).** Permiten almacenar directamente la información en el servidor LDAP.

- *Backends* **Proxy.** Permiten interactuar con información almacenada en otros servidores.

- *Backends* **dinámicos**. Permiten generar datos en base a solicitudes, los *backend* más extendidos en esta categoría son los que nos permiten hacer modificaciones sobre el servidor LDAP usando el mismo protocolo o los que generan estadísticas y nos permiten monitorizar el servidor LDAP.

- *Backends* **de lenguaje específico**. Existen *backend* que permiten la conexión con un lenguaje de programación. El servidor LDAP se convierte en un motor RPC (*Remote Procedure Call*), ya que brinda la capacidad de ejecutar código en otra máquina remota sin tener en cuenta las comunicaciones entre ambas.

Adicionalmente, a los *backends* se les pueden incorporar módulos o *plugins* llamados *overlays* que modifican el comportamiento y/o incorporan características sobre el servidor. Proporcionan un ecosistema simple para incrementar las funcionalidades del *backend* sin necesidad de uno nuevo de forma modular, algunos ejemplos son los siguientes:

- *Dynamic Listing*. Permite crear listas y grupos dinámicos utilizando para ello un filtro, que realmente es una búsqueda LDAP. Por ejemplo, se puede crear un grupo que como filtro de búsqueda encuentre solo a las personas con teléfono móvil de la empresa. Esto permite que dicha entrada se actualice dinámicamente con las altas y las bajas del sistema.

- *Password Policy*. En las operaciones que se use la autenticación vía contraseña, permite aplicar reglas adicionales como calidad de la contraseña, histórico de contraseñas, vencimiento y bloqueo de cuentas, etcétera.

- *Unique*. Permite aplicar criterios de unicidad sobre las entradas, por ejemplo, evitar que el atributo *uuid* se repita o que exista el mismo usuario.

LDAP define cómo se importan y exportan los datos a partir del estándar de forma de intercambio de datos LDAP. LDIF (*LDAP Data Interchange Format*) es un formato de texto plano que se utiliza para la representación de contenidos del directorio y las solicitudes de actualización. En este documento no se contempla cómo se almacenan o cómo se manipulan los datos ni los métodos de acceso a estos; normalmente esta característica corre a cuenta de los módulos del *backend* dentro de cualquier aplicación específica de LDAP. En la Figura 3.2 se muestra una parte de la estructura lógica del árbol de directorios del dominio tubanco.es.

El siguiente ejemplo forma parte de un fichero LDIF que representa

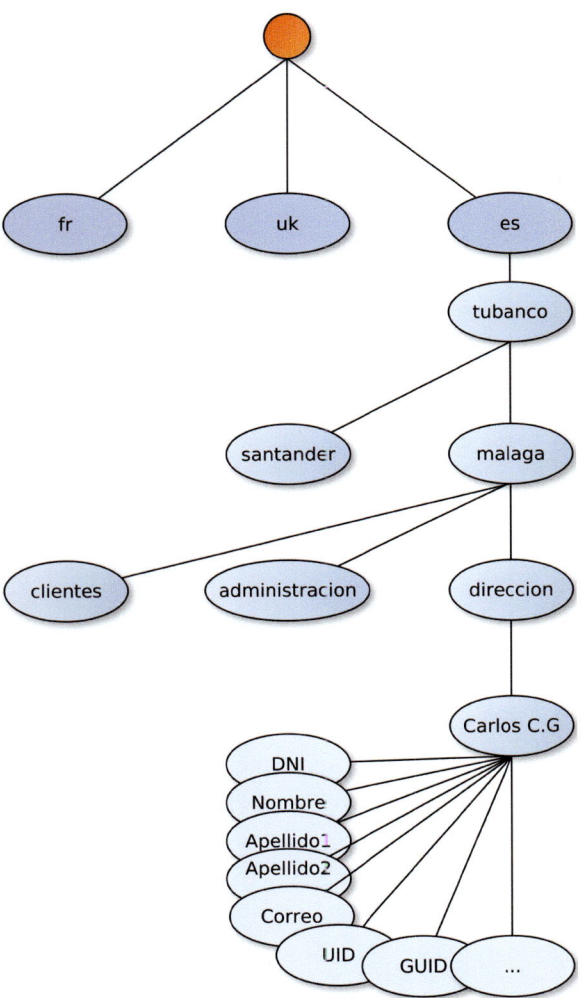

**Figura 3.2.** Parte de la estructura lógica del árbol de directorios del dominio tubanco.es.

una pequeña parte de la estructura lógica de directorios del ejemplo tubanco.
es, el cual dispone de sedes en España, el Reino Unido y Francia.

```
dn: dc=tubanco,dc=fr
objectClass: top
objectClass: dcObject
objectClass: organization
o: tubanco.fr
dc: tubanco

dn: cn=admin,dc=tubanco,dc=fr
objectClass: simpleSecurityObject
objectClass: organizationalRole
cn: admin
description: LDAP administrator
userPassword:: XFDg42tFg6NOr1Rh

dn: dc=tubanco,dc=uk
objectClass: top
objectClass: dcObject
objectClass: organization
o: tubanco.uk
dc: tubanco

dn: cn=admin,dc=tubanco,dc=uk
objectClass: simpleSecurityObject
objectClass: organizationalRole
cn: admin
description: LDAP administrator
userPassword: 7ENsVOHgzyndbT28

dn: dc=tubanco,dc=es
objectClass: top
objectClass: dcObject
objectClass: organization
o: tubanco.es
dc: tubanco

dn: cn=admin,dc=tubanco,dc=es
objectClass: simpleSecurityObject
objectClass: organizationalRole
cn: admin
description: LDAP administrator
userPassword: ZnMciTyuXi9yB5z6

dn: ou=santander,dc=tubanco,dc=es
objectClass: organizationalUnit
ou: santander
```

```
dn: ou=malaga,dc=tubanco,dc=es
objectClass: organizationalUnit
ou: malaga

dn: ou=direccion,dc=tubanco,dc=es
objectClass: organizationalUnit
ou: direccion

dn: uid=ccaballerog,ou=direccion,ou=malaga,dc=tubanco,dc=es
objectClass: inetOrgPerson
objectClass: posixAccount
objectClass:shadowAccount
gidNumber: 1001
uid: ccaballerog
sn: Caballero Gonzalez
givenName: Carlos
cn: Carlos Caballero Gonzalez
displayName:Carlos Caballero Gonzalez
email:ccaballlerog@tubanco.es
dni:77229679J
userPassword: 7w2anE2iwENA2pBE
guid: 2001
homeDirectory: /home/es/malaga/direccion/carloscg
loginShell: /bin/bash
```

## 3.2.2. Soluciones LDAP

Ya hemos definido qué es LDAP, cómo se comporta, cuáles son sus características y campo de actuación. Pero no se han descrito qué empresas brindan este soporte *software*. A continuación se describen herramientas de *software* libre y propietario. Del lado del *software* libre se dispone de las herramientas: OpenLDAP, Fedora Directory Server y FreeIPA; por otra parte, del lado del *software* propietario se dispone del popular Active Directory de Microsoft. Active Directory es una solución tecnológica que engloba bastantes más servicios además de LDAP.

- **OpenLDAP**. Es la implementación libre del protocolo LDAP. Para proporcionar los mismos servicios que Active Directory de Microsoft se integra con los servicios utilizando SAMBA, es una implementación libre del protocolo de directorios compartidos de Microsoft.

- **389 Directory Server**. Previamente conocido como Fedora Directory Server es una implementación libre del protocolo LDAP que integra más servicios aparte de LDAP, del mismo modo que hace Active Directory de Microsoft. Estas características hacen que sea una mejor opción frente a OpenLDAP. Algunas de las características que se destacan son que incluye una interfaz web bastante más amigable que la Shell de Linux y que permite la sincronización con un controlador de dominio de Windows.

- **FreeIPA**. Es una solución de autenticación integrada para entornos de red Linux que integra las aplicaciones: 389 Directory Server, Kerberos del MIT (Massachusetts Institute of Technology), NTP (Network Time Protocol), DNS, sistema de certificados con Dogtag. Una de sus características más importantes es que, además de permitir la integración con un controlador de dominio de Windows, al igual que lo hacía Fedora Directory Server, también la permite con el servidor de aplicaciones de Oracle Weblogic. Además, cuenta con una interfaz web y herramientas de administración en línea de comandos. Este proyecto lo mantiene y desarrolla Red Hat.

- **Active Directory**. Es una implementación propietaria de LDAP desarrollada por Microsoft para redes de dominio del sistema operativo Windows. Active Directory está incluido en las distribuciones Windows Server como un conjunto de procesos y servicios. En un principio, solo se encargaba de centralizar la gestión del dominio, pero ahora mismo combina servicios que de forma habitual se encuentran separados. Algunos de estos servicios destacables son LDAP para la gestión centralizada del dominio, una versión propia de Kerberos para la autenticación y su servidor de DNS para la gestión de nombres del dominio.

### 3.2.3 Comparación del almacenamiento de la información en un LDAP contra un SGBD

En la sección anterior se ha definido el almacenamiento de datos usando el protocolo LDAP, mientras que en el Capítulo 2 se profundizó en el almacenamiento de información utilizando las bases de datos y sus sistemas gestores. A continuación, se van a enumerar las principales ventajas e inconvenientes que existen entre utilizar una u otra tecnología:

- **Ventajas**
  - Protocolo de red estándar para el acceso a los datos.
  - Estructura de datos totalmente estandarizada y simplificada.
  - Alta tasa de operaciones de lectura.
  - Organización jerárquica de los datos.
  - Es muy sencillo el hecho de identificar las relaciones que existen entre las estructuras frente a una base de datos.

- Creación de atributos y objetos de clases (*objectClass*) personalizados utilizando *schemas*.

- Estándar de estricto cumplimiento para los DSA y las aplicaciones cliente.

- Integración con distintos sistemas operativos, servicios y clientes.

- Replicación poco restrictiva frente a un SGBD.

- **Inconvenientes**

  - Baja tasa de operaciones de escritura y modificación.

  - Mala representación de información compleja.

  - La estructura de datos y datos no son independientes el uno del otro.

  - Necesidad de conocer la estructura interna para acceder a ella.

LDAP es un protocolo de red que no realiza comprobación de la integridad de los datos constantemente. Este hecho hace que LDAP sea un protocolo rápido en el acceso de los datos, pero sin garantizar la consistencia de su contenido. A pesar de este hecho, cumple perfectamente con su cometido. Por otro lado, una base de datos tradicional da una fuerte prioridad al mantenimiento de la integridad de los datos sin utilizar un protocolo de acceso estandarizado, lo que provoca que las conexiones a estas bases de datos sean más lentas que LDAP.

En caso de comparar LDAP con las bases de datos NoSQL, la ventaja de la velocidad de acceso se difumina debido a que estas bases de datos no tienen en cuenta la coherencia de los datos. No obstante, surgen nuevos inconvenientes en estas bases de datos frente a LDAP, tales como representar de manera eficiente la herencia de los privilegios y la estructura arborescente y la implementación en múltiples dispositivos.

## ACTIVIDADES

**3.1.** ¿Qué es XML? ¿Qué relación tiene XML con HTML y SGML?

**3.2.** ¿Es posible crear elementos personalizados en XML? ¿Qué ventajas o inconvenientes aporta este hecho?

**3.3.** Indica si están bien formados los siguientes documentos XML y corrígelos en caso de que no lo estén.

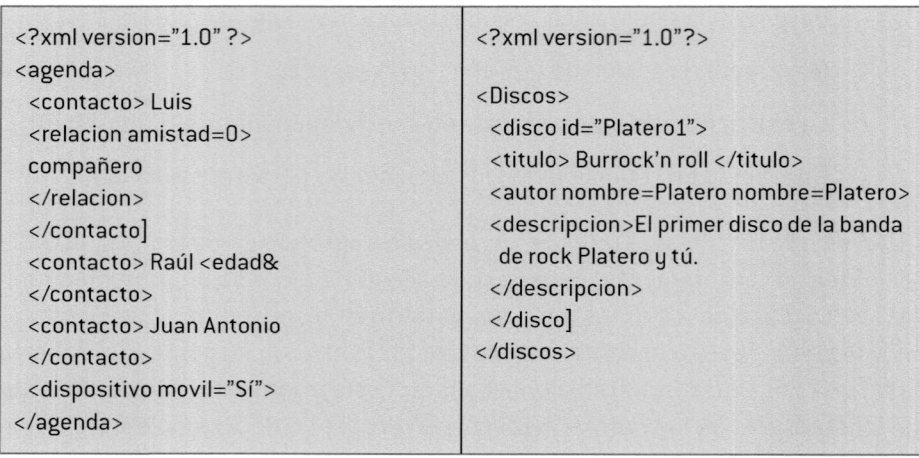

```
<?xml version="1.0" ?>
<agenda>
  <contacto> Luis
  <relacion amistad=0>
  compañero
  </relacion>
  </contacto]
  <contacto> Raúl <edad&
  </contacto>
  <contacto> Juan Antonio
  </contacto>
  <dispositivo movil="Sí">
</agenda>
```

```
<?xml version="1.0"?>

<Discos>
  <disco id="Platero1">
  <titulo> Burrock'n roll </titulo>
  <autor nombre=Platero nombre=Platero>
  <descripcion>El primer disco de la banda
  de rock Platero y tú.
  </descripcion>
  </disco]
</discos>
```

**3.4.** ¿Qué es y para qué es útil el espacio de nombres en un documento XML?

**3.5.** ¿Qué son los DTD y los esquemas XML?

**3.6.** ¿Cuáles son las ventajas e inconvenientes de XML frente a texto plano?

**3.7.** Construye el DTD y XML para los datos mostrados en las siguientes tablas.

**A)** Información de los productos recogidos por un agricultor.

| Producto | Kilos | Precio/Kilo | Solar |
|----------|-------|-------------|-------|
| Aguacate | 2000 | 2,50 € | A |
| Ciruelas | 1500 | 2,20 € | A |
| Kiwi | 1250 | 2,12 € | B |
| Fresón | 2200 | 2,19 € | B |
| Mandarinas | 3000 | 0,83 € | A |
| Manzana Golden | 2800 | 0,99 € | C |
| Nísperos | 1400 | 2,00 € | C |

**B)** Información sobre los trayectos de vuelos de última hora de un servicio web. Los vuelos pueden incluir el hotel en la transacción.

| Origen | Destino | Hotel | Precio | % Descuento |
|--------|---------|-------|--------|-------------|
| Madrid | Berlín | Sí | 124 € | 29 % |
| Málaga | Múnich | No | 176 € | 38 % |
| Barcelona | Florencia | Sí | 192 € | 15 % |
| Málaga | Roma | Sí | 105 € | 13 % |

**3.8.** ¿Qué es LDAP? ¿Qué relación guarda con DAP?

**3.9.** ¿Qué diferencias hay entre LDAP y DAP?

**3.10.** Define los siguientes términos:

    **A)** Controlador de dominio.

    **B)** Dominio.

    **C)** Árbol de directorios.

    **D)** Bosque.

    **E)** Atributo.

    **F)** Esquema.

    **G)** *ObjectClass*.

**3.11.** Ilustra las relaciones que se establecen entre atributo, esquema y *ObjectClass*.

**3.12.** Define *frontend* y *backend* en el contexto de LDAP e indica sus diferencias.

**3.13.** Investiga sobre las empresas que ofrecen soluciones LDAP y sobre sus productos.

**3.14.** Investiga sobre los distintos *overlays* y *backends* que se incluyen en OpenLDAP.

**3.15.** Realiza el esquema lógico de una estructura LDAP basada en las distintas facultades de un campus.

**3.16.** Sobre la anterior estructura, realiza el código del fichero LDIF que la forma.

**3.17.** Define las relaciones de confianza que se establecerían entre los departamentos de investigación de las distintas universidades, para las colaboraciones entre ellas.

**3.18.** Realiza una investigación sobre las diferencias entre LDAP y una base de datos NoSQL orientada a documentos.